Marco Mezzadri   Paolo E. Balboni

Rete! JUNIOR

Corso multimediale d'italiano per stranieri

[parte A]

Guida insegnante

Guerra Edizioni

WWW.RETE.CO.IT

Autori
Marco Mezzadri, Paolo E. Balboni.
Hanno curato le sezioni di Fonologia Marco Cassandro e di Civiltà Giovanna Pelizza.

Le sezioni di valutazione e autovalutazione sono a cura di Mario Cardona.

Hanno curato Rete! Junior Paola Begotti e Graziano Serragiotto

In collaborazione con: Èulogos®

I edizione
© Copyright 2005 Guerra Edizioni - Perugia

ISBN 88-7715-824-7

5.   4.   3.
2011 2010 2009

Guerra Edizioni
via Aldo Manna, 25 - Perugia (Italia) - tel. +39 075 5289090 - fax +39 075 5288244
e-mail: info@guerraedizioni.com - www.guerraedizioni.com

INTRODUZIONE

Perché una "Rete!"

Questo manuale nasce dall'intersezione tra tre forze:

a. da un lato esso nasce nell'alveo della tradizione di didattica dell'italiano:
è organizzato in unità didattiche monotematiche, attribuisce un ruolo chiave alla scoperta
della complessità della nostra grammatica, affianca testi della vita quotidiana e testi letterari,
offre largo spazio alla cultura e civiltà del nostro variegato paese, e così via;

b. d'altro canto esso trasporta questa tradizione su uno sfondo europeo, facendo proprie le lezioni
della didattica dell'inglese, del francese e del tedesco: il curricolo è progettato con riferimento
al Livello Soglia del Consiglio d'Europa ed è basato su un impianto "multisillabo", cioè sull'interazione
e l'equilibrio di un sillabo grammaticale/strutturale, uno nozionale/funzionale, uno lessicale,
uno relativo allo sviluppo delle abilità di ascolto, parlato, lettura e scrittura, un sillabo situazionale,
uno fonetico, uno culturale; tutti questi sillabi, che l'insegnante ha a disposizione in un'ampia sinossi,
conducono ad un livello intermedio/avanzato e si realizzano sul piano metodologico per mezzo di
un approccio basato sulla soluzione di problemi e sul "fare con" piuttosto che "lavorare su" la lingua;

c. infine, si mettono in pratica alcune delle linee più avanzate della ricerca glottodidattica italiana:
l'approccio induttivo alla grammatica, che viene scoperta dallo studente sotto la guida
dell'insegnante; il fatto che l'accuratezza della forma ha pari dignità della capacità meramente
pragmatica, comunicativa; l'invito a riflettere su quanto si è appreso (ogni unità si conclude
con una sintesi in cui lo studente traccia un bilancio facendo preciso riferimento contrastivo
con la propria lingua madre). L'autovalutazione, sebbene guidata e controllata dal docente,
è ritenuta essenziale per cui ogni UD ha una scheda di autovalutazione da compilare, ritagliare,
consegnare all'insegnante.

Queste tre direttrici agiscono sullo sfondo creato dal vorticoso mutare degli strumenti:
se da un lato si tratta di un manuale "tradizionale", in volumetti per la classe e altrettanti quaderni per
l'approfondimento a casa e in classe, con cd, cassette, ecc., dall'altro si colloca nel mondo nuovo in cui
è possibile fornire:

- floppy con esercizi supplementari;

- collegamenti in rete per approfondimento dei temi trattati nelle unità (indicati con un simbolo),
in modo che lo studente che ha accesso a un computer possa approfondire i temi usando l'italiano
in rete, oltre che studiandolo sul libro, e costruire, insieme alla propria classe, all'insegnante o

autonomamente, scambi con altri studenti e classi sulla base di progetti didattici stimolati dagli argomenti trattati in **Rete!**;

- una banca dati presso il sito Guerra per l'aggiornamento dei materiali di civiltà, per ulteriori attività, esercizi, ecc., con cui integrare il libro base;

- un "luogo comune" in rete in cui gli insegnanti che usano **Rete!** possono fare commenti, suggerire alternative, fornire integrazioni, dialogare tra di loro e con gli autori.

Per queste sue caratteristiche, per il fatto di essere il risultato di una rete dei fili che hanno percorso la glottodidattica italiana ed europea in questi anni e di essere il centro di una rete di connessioni virtuali tra studenti e docenti di italiano di tutto il mondo, il titolo Rete! non è solo un omaggio al momento più entusiasmante dello sport preferito degli italiani (uno sport che è ambasciatore di italianità in tutto il mondo, dove anche chi non conosce Dante e Goldoni sa mormorare Buffon o Totti), ma è l'essenza stessa del progetto, costruito sulla trama della tradizione e l'ordito dell'innovazione.

La struttura di "Rete!" Junior

Rete! Junior si compone di:
- libro di classe e dell'approfondimento (due volumi: parte A e parte B)
- guida per l'insegnante (volume unico)
- cd e cassette audio
- applicazioni per Internet
- una serie di materiali collaterali che, anno dopo anno, allargheranno la possibilità di scelta di materiali integrativi.

Rete! Junior si rivolge a pre-adolescenti e adolescenti (fino a circa 15 anni di età).
Il libro di classe è la parte principale del testo per l'utilizzo durante la lezione. È suddiviso in percorsi con ognuno un tema unificante, che permette di presentare gli elementi dei vari sillabi. Ogni percorso conterrà poi pagine ben definite, dedicate ad esercizi per lo sviluppo di grammatica, lessico, quattro abilità. In appendice lo studente trova una sezione di autovalutazione progressiva: esegue queste attività a casa, quindi potendo recuperare nel percorso le informazioni che ancora gli sfuggono e implicitamente procede ad un'autovalutazione, poi consegna la scheda all'insegnante che rapidamente (le chiavi sono nella guida didattica) può dare allo studente un feedback che conferma il risultato o lo mette in guardia invitandolo ad approfondire il percorso appena concluso.
Ogni percorso è suddiviso tra una sezione da svolgere in classe ed una da svolgere a casa per il lavoro autonomo di rinforzo, esercitazione, approfondimento - ma anche con cruciverba e altri giochi che mettono "in gioco" il lessico e la grammatica presentate nel percorso. Queste attività possono essere anch'esse svolte in classe. Così come in classe si possono affrontare le sezioni dedicate alla fonologia (in appendice) e alla civiltà presentate in chiave contrastiva. Gli argomenti trattati in quest'ultima sezione intendono fornire agli studenti strumenti idonei per capire la realtà italiana contemporanea, senza trascurare gli aspetti storici e culturali più importanti, eredità del nostro passato, che determinano la ricchezza del nostro presente.

La guida dell'insegnante è uno strumento pratico con note e suggerimenti per ogni percorso, con idee per attività opzionali aggiuntive, con test progressivi di verifica da fotocopiare e somministrare ogni tre percorsi per effettuare dei "compiti in classe". Le registrazioni audio sono parte integrante dello sviluppo del sillabo dell'ascolto e servono per il lavoro in classe e a casa.

Rete! Junior presenta una struttura diversa dal testo originale (Rete!1): sono state aggiunte numerose attività di grammatica e lessico nel libro dell'approfondimento e si sono modificate le sezioni contenenti materiali "difficili", sia di lettura che di ascolto. Il testo è indicato per studenti pre-adolescenti e adolescenti, grazie alle situazioni e temi trattati, nonché alla grafica, più "giovani". Alla fine del percorso formativo con Rete! Junior lo studente (di livello A2) potrà continuare lo studio dell'italiano con Rete!2 dove sono contenute indicazioni per favorire il passaggio da Rete! Junior a Rete!2.

Chi lancia la rete

Questo manuale, che di anno in anno si evolverà in una costellazione di materiali didattici tra cui l'insegnante potrà scegliere, è originale per un ultimo motivo: esso non nasce da un singolo autore o da un gruppo stabile, collaudato da anni di produzione, radicato in un luogo. Al contrario, per poter trarre vantaggio dalla pluralità delle esperienze italiane, per non rischiare di ricalcare cliché localistici o di reiterare in nuove forme impianti pre-esistenti, esso è il prodotto di una nuova rete di autori e centri di progettazione:

- la progettazione glottodidattica è condotta a Ca' Foscari, cui migliaia di docenti sono ricorsi per formazione o certificazione didattica: Paolo Balboni, direttore del Progetto Itals, ha coordinato l'impianto di Rete!;

- la delicatissima fase della realizzazione delle unità didattiche è avvenuta in una città che non rientra nel canonico asse Perugia-Siena-Venezia: Parma. All'Università di Parma opera Marco Mezzadri che ha impostato in tandem con Paolo Balboni l'impianto glottodidattico e ha curato i sillabi; sempre a Parma lavora Giovanna Pelizza che ha curato le sezioni di civiltà e seguito la realizzazione delle unità;

- a uno dei poli tradizionali per l'insegnamento dell'italiano, l'Università per Stranieri di Siena, appartiene Marco Cassandro, che ha curato il sillabo e i materiali per la fonologia;

- il centro di progettazione e realizzazione operativa invece è a Perugia, dove ha sede l'altra Università italiana per Stranieri, e si avvale dell'esperienza maturata in decenni di produzione di testi d'italiano per stranieri;

- a Ca' Foscari ha operato anche Mario Cardona, che ha realizzato le schede valutative di Rete!.

TITOLO	LIVELLO	DESTINATARI
Rete! Junior Parte A Rete! Junior Parte B	A1 A2	Adatto per pre-adolescenti e adolescenti fino ai 15 anni circa. Adatto per pre-adolescenti e adolescenti fino ai 15 anni circa. Concluso il percorso con Rete! Junior si continua con Rete!2.
Rete! Primo Approccio Parte A Rete! Primo Approccio Parte B	A1 A2	Alternativo a Rete!1. Adatto in: - corsi intensivi - corsi con obiettivi di minor approfondimento rispetto a Rete!1. Indicato per studenti di madrelingua lontana dall'italiano. Concluso il percorso con Rete! Primo Approccio si continua con Rete!2.
Rete!1	A1/A2	Alternativo a Rete! Primo Approccio. Adatto in: - corsi con buoni obiettivi di approfondimento della lingua. Concluso il percorso con Rete!1 si continua con Rete!2.
Rete!2	B1/B2	Concluso il percorso con Rete!2 si continua con Rete!3.
Rete!3	B2/C1	Concluso il percorso di Rete! portando gli studenti a un livello avanzato.
Rete! videocorso di italiano *(elementare/preintermedio)*	A1/A2	Il video può essere usato come integrazione del testo Rete!1. Rete! Primo Approccio, Rete! Junior. Utile per il ripasso nel passaggio da A2 a B1. Può essere usato anche come integrazione di altri corsi di lingua.
Rete! videocorso di italiano *(intermedio)*	B1/B2	Il video può essere usato come integrazione del testo Rete!2. Utile per il ripasso nel passaggio da B1 a B2 e da B2 a C1. Può essere usato anche come integrazione di altri corsi di lingua.

TAVOLA SINOTTICA

PERCORSO 1 — IN VIAGGIO

Funzioni	Affermare. Negare. Salutare. Presentarsi. Chiedere e dire la nazionalità e la provenienza. Chiedere e dire il nome. Chiedere e dire come si scrive una parola. Ringraziare. *Scusa/scusi*. Chiedere di ripetere. *E tu? E Lei?*
Grammatica	Pronomi personali soggetto: *io, tu, lei/lui*. Lei forma di cortesia. Presente indicativo singolare dei verbi: *essere, studiare* e *chiamarsi*. Singolare maschile e femminile degli aggettivi in *-o, -a*. Aggettivi in *-e*. Forma affermativa, negativa e interrogativa.
Lessico	Nomi, nazionalità. Alfabeto. Saluti. *Di dove? Come?*
Civiltà	Le città. Alcuni monumenti famosi.
Fonologia	I suoni delle vocali.

PERCORSO 2 — ALLA STAZIONE

Funzioni	Chiedere e dire come si dice. Chiedere e dare il numero di telefono. Chiedere e dare l'indirizzo. Chiedere l'età e rispondere. Esclamare. Esprimere meraviglia. Chiedere e dare spiegazioni. Chiedere dove si trova una località. Chiedere quando si svolgerà una determinata azione. Dire cosa c'è in un luogo. Dire che non si conosce la risposta. Rispondere quando si è interpellati.
Grammatica	Presente indicativo dei verbi: *studiare, avere, prendere, restare*. Presente indicativo plurale del verbo essere. *C'è, ci sono. Perché, cosa, quando, quanti, qual è?*. Plurale degli aggettivi in *-o, -a*. Singolare e plurale dei nomi maschili e femminili in *-o* e *-a*; numeri da 0 a 20. Ordine della frase. Preposizioni semplici: *in* e *a* di luogo. Revisione: frase negativa con *non*. *Non lo so*. Introduzione ai possessivi: *il tuo*.
Lessico	Numeri da 0 a 20.
Civiltà	L'Italia fisica. Le regioni e i capoluoghi. Le città più abitate.
Fonologia	Suoni /p/ /b/.

PERCORSO 3 — STUDIARE E LAVORARE

Funzioni	Presentarsi in modo formale. Presentare un'altra persona in modo formale. Chiedere e dire lo stato civile. Chiedere e dire il significato. Revisione: chiedere e dire l'età, la nazionalità, il numero di telefono, l'indirizzo, l'identità, chiedere e dire quante lingue si conoscono. Chiedere e dire cosa si sa fare. Chiedere e dire che lavoro si fa. Riempire formulari. Chiedere il significato di una parola. Esprimere un'opinione con secondo me.

TAVOLA SINOTTICA

Grammatica	Presente indicativo dei verbi delle tre coniugazioni. Verbo *sapere*, verbo *fare*. Ripasso preposizioni: *in* e *a*; *per* di durata. *Chi?* Ripasso degli interrogativi: *che?*, *che cosa?*, *cosa?*, *dove?*, *che tipo di?*, *cosa vuol dire?* Introduzione: articoli determinativi singolari.
Abilità	Strategie d'apprendimento: il dizionario.
Lessico	Mestieri, domande personali.
Civiltà	Il lavoro. I principali settori lavorativi.
Fonologia	Suoni e ortografia di /tʃ/ /dʒ/ /k/ /g/.

PERCORSO 4 — LA FAMIGLIA

Funzioni	Esprimere legami familiari. Parlare di abilità. Parlare di conoscenze. Chiedere di ripetere. Invitare e suggerire. Accettare l'invito. Presentare altre persone. Parlare del possesso. Chiedere il possessore. Chiedere qualcosa gentilmente. Chiedere della salute di qualcuno e rispondere. Chiedere come procede qualcosa e rispondere positivamente. Localizzare nello spazio. Esprimere accordo. Chiedere il permesso e acconsentire. Rispondere al telefono. Presentarsi quando si telefona a qualcuno.
Grammatica	*Voi* di cortesia. Revisione plurali dei nomi e aggettivi. Nomi in -*à*, articoli determinativi plurali. *Questo/a/i/e*. Verbo *andare*. *Andare* + *a/in*; verbo *potere* (permesso: *posso andare in bagno?*) (*può/puoi ripetere?*). Ripresa di *sapere* per abilità. Possessivi singolari con nomi di famiglia. *Molto* con aggettivi. Preposizione *di*. *Perché non...*
Abilità	Strategie d'apprendimento: prevedere.
Lessico	La famiglia: *padre, madre, uomo, donna, genitori, fratello, sorella, figlio, figlia*. Aggettivi per la descrizione fisica: *giovane, vecchio, alto, basso, magro, grasso, carino*. Numeri da 21 a 99. Lessico della classe: alcuni sostantivi.
Civiltà	La famiglia. I tipi di famiglia. I matrimoni. Genitori e figli.
Fonologia	Suoni /n/ /m/.

PERCORSO 5 — LA CASA

Funzioni	Descrivere la casa. Localizzare gli oggetti nello spazio. Dire il mese e il giorno del mese. Parlare della provenienza con *di* e *da*.
Grammatica	Preposizioni articolate. Ripasso *c'è, ci sono*. Ripasso articoli determinativi e indeterminativi se in contrasto. Nomi femminili in -*o* e tronchi. Verbi irregolari: *venire da* e *dire*. *Da* e *in* con i mesi. *Di* per la provenienza. *Abbastanza* + agg.

TAVOLA SINOTTICA

Abilità Strategie d'apprendimento: prevedere 2.

Lessico Le stanze e i mobili. *Vicino, davanti, di fianco a, di fronte a, dietro, su, sotto, tra/fra.* I mesi e il giorno del mese. Le date. *A destra* e *a sinistra.* Alcuni colori.

Civiltà La casa. Le tipologie abitative. Il problema della casa. L'interno della casa.

Fonologia Suoni /t/ /d/. Intonazione negativa e affermativa.

PERCORSO 6 - LA VITA QUOTIDIANA

Funzioni Parlare delle proprie abitudini. Esprimere la frequenza. Chiedere con che frequenza si fanno determinate azioni. Dire con che frequenza si fanno determinate azioni. Chiedere l'ora. Dire l'ora. Chiedere la data. Dire la data. Chiedere che giorno è oggi. Dire che giorno è oggi. Chiedere a che ora si compie una determinata azione. Dire a che ora si compie una determinata azione.

Grammatica Verbi irregolari: revisione di *andare* e *fare. Uscire. Verbi* di routine. Persone plurali dei riflessivi. Avverbi di frequenza. L'ora. Possessivi plurali. Aggettivi e pronomi. Aggettivi dimostrativi. *Questo* e *quello. Andare in/a.* Preposizioni con le date.

Abilità Strategie d'apprendimento: comprensione globale.

Lessico Avverbi di frequenza: *sempre, quasi sempre, di solito, spesso, a volte, raramente, quasi mai, mai. Verbi di routine: svegliarsi, alzarsi, lavarsi, fare colazione, uscire di casa, cominciare a lavorare, pranzare, finire di lavorare, fare la doccia, cenare, guardare la tv, andare a letto. Lunedì, martedì, ecc. Quanti ne abbiamo oggi?* Date.

Civiltà I locali pubblici. Orari di apertura di bar, musei, banche, uffici postali, ristoranti. I nomi delle vie.

Fonologia Suoni /r/ /l/. Messa in risalto di un elemento nella frase.

PERCORSO 7 - IL CIBO, AL RISTORANTE

Funzioni Parlare del cibo in diversi paesi. Fare la lista della spesa. Ripasso: chiedere ed esprimere l'appartenenza. Esprimere quantità. Raccontare una storia. Chiedere ciò che si vuole mangiare o bere. Chiedere qualcosa da bere, da mangiare o il menù. Chiedere il conto. Chiedere conferma. Chiedere delle necessità. Parlare delle necessità. Offrire.

Grammatica *Vorrei. Volere* presente indicativo. Ripasso e ampliamento dei possessivi, dimostrativi e *di chi?*. Il partitivo *del/dei/ecc. Aver bisogno di.* Numeri ordinali. Altri plurali: *macellaio, zio, amico, virtù, crisi.*

Abilità Strategie d'apprendimento: comprensione dettagliata.

TAVOLA SINOTTICA

Lessico	*Primo (piatto), secondo (piatto), antipasto, contorno, frutta, dolce, il conto.* Alcuni cibi italiani, termini indicanti cibi frequenti per la lista della spesa.
Civiltà	I pasti. Gli orari, le abitudini. I vari tipi di ristorante.
Fonologia	Suoni e ortografia di /ɲ/ /ʎ/ /ʃ/. Accento nelle parole.

PERCORSO 8
IL TEMPO LIBERO

Funzioni	Parlare di eventi passati. Chiedere informazioni sul passato. Parlare del tempo libero. Collegare frasi. Chiedere e dare informazioni sul mezzo di trasporto. Indicare i mesi, le stagioni, gli anni, i secoli. Dire quando si è svolta un'azione nel passato.
Grammatica	Participio passato di verbi regolari e irregolari. Passato prossimo con *essere* e *avere*. *Nel* + anno, *in* + stagioni. *In* + mezzi di trasporto.
Abilità	Strategie d'apprendimento: collegare le frasi. Scrivere una storia.
Lessico	Espressioni di tempo passato. Gli anni e le stagioni. Attività del tempo libero. Lessico per descrivere sensazioni legate al tempo libero. *Poi, prima.*
Civiltà	Il tempo libero. Passato e presente.
Fonologia	Suoni /f/ /v/ /s/ [z].

Questo simbolo rimanda al sito internet di Rete! www.rete.co.it. È un modo nuovo di intendere la civiltà, una possibilità in più per voi e i vostri studenti. Lì troverete, inoltre, collegamenti a siti relativi agli argomenti trattati nelle unità e attività didattiche per lo sviluppo della lingua attraverso gli elementi di civiltà che i siti web offrono.

ascoltare

parlare

leggere

scrivere

approfondimento

PERCORSI

Rete! JUNIOR — INDICE

Il percorso introduttivo di **Rete! Junior** è stato creato per dar modo all'insegnante di impostare il lavoro con gli studenti. Questo percorso consente, infatti, di promuovere attività che stimolano la conoscenza reciproca iniziale.

Da un punto di vista metodologico, ad esempio, lei può con questo percorso introduttivo, cominciare a creare le condizioni per la gestione della lingua della classe. Vengono forniti qui numerosi spunti lessicali che possono risultare molto utili per favorire poi un maggior uso della lingua italiana da parte del docente per impartire i comandi. È infatti ovvio che in gruppi di studenti in particolare della fascia d'età cui si rivolge **Rete! Junior** se si radica la convenzione "comoda" di un utilizzo della madrelingua in classi monolingui o di una lingua franca in classi multilingui, diventerà difficile per il docente passare a un uso prevalente o esclusivo dell'italiano. Mentre lavorandoci su da subito e impostando le coordinate di un rapporto bilaterale con gli alunni in un modo coerente con la metodologia di **Rete!**, il discorso può svilupparsi più agevolmente. Nella pratica possiamo indicare alcuni punti su cui vale la pena riflettere: quando lo studente chiede all'insegnante come si dice nella propria lingua una determinata parola, il docente può tradurla, per risparmiare tempo e per essere più sicuro dell'avvenuta comprensione, oppure può chiedere a sua volta allo studente di elaborare insieme percorsi per arrivare a capirne il significato. Fare questo da subito aiuta a impostare il rapporto con la classe. Allo stesso modo le prime tre attività del percorso introduttivo permettono di lavorare sulle preconoscenze degli alunni e sulla capacità dell'anticipazione (*expectancy grammar*) come strumenti per promuovere un più corretto ed efficace percorso verso la comprensione da una parte e dall'altra per rendere più concreto e pratico il tentativo di raggiungere a poco a poco l'obiettivo della crescita di uno studente autonomo e critico. Lavorando costantemente sulle preconoscenze, sulla capacità di anticipazione, attraverso un approccio *problem-solving*, ecc., **Rete! Junior** cerca di stimolare un approccio che renda l'alunno più attivo e partecipe. È una sfida, da affrontare tutti insieme! Una sfida che si gioca anche sul piano affettivo e che ad esempio può contare sulla guida dei due ragazzi Anne e Claudio che sono presentati nell'attività conclusiva del percorso introduttivo. Tocca a lei far leva sul livello di immedesimazione dei suoi alunni con questi personaggi, sulla relazione che si può instaurare tra loro, ma non si dimentichi di utilizzare anche questi strumenti. L'esperienza ci ha insegnato che i personaggi di Rete! risultano, in particolare per un pubblico giovane, vivi e vengono sentiti dagli alunni vicini al proprio vissuto o al proprio mondo ideale. È importantissimo per la motivazione.

In questo percorso si procede a una comprensione elementare, non certo analitica, e le nozioni di grammatica che si presentano sono più che altro per familiarizzare lo studente. Si dovrebbe invece prestare attenzione al lessico: un buon bagaglio lessicale è essenziale per imparare una lingua.

1. Ascolta il dialogo e trova la risposta corretta.

È la prima attività ed è importante da subito cercare di dare allo studente alcune indicazioni su come utilizzare il testo. Ad esempio, in questo caso si può far notare come le immagini siano estremamente importanti per aiutare la comprensione: esse consentono di prevedere i contenuti del testo che si sta per ascoltare.
La necessità di utilizzare le immagini risulta importante a maggior ragione in esercizi come questo dove uno dei quesiti riguarda il luogo in cui sono i personaggi.
Spieghi agli studenti che la capacità d'ascolto è un'abilità su cui bisogna fare molto allenamento e che leggere il testo prima di ascoltare annullerebbe l'effetto dell'esercizio, poi faccia coprire il testo del dialogo per concentrarsi sull'ascolto e sulle risposte seguenti.

Chiavi: **1** c; **2** a; **3** c.

2. Ascolta nuovamente il dialogo e leggi il testo.

Quanti ascolti far fare? Dipende da lei, è lei che deve decidere in base alle esigenze degli studenti che ha di fronte e soprattutto in base agli obiettivi. Non devono capire tutto ma solo esporsi alla lingua e lasciarsi guidare dai percorsi proposti. Le sconsigliamo vivissimamente di usare la traduzione parola per parola come strumento per promuovere la comprensione del dialogo. Faccia coprire il testo del dialogo all'inizio perché spesso con studenti adolescenti e preadolescenti non è sufficiente chiedere di non leggere il testo al primo o secondo ascolto.

3. Adesso chiedi il nome a due tuoi compagni.

Si può utilizzare questo testo in vari modi, anche se noi consigliamo di seguire il percorso che abbiamo suggerito nel libro.
È fondamentale che gli studenti capiscano da subito l'importanza del lavoro a coppie e in gruppo come tecnica per sfruttare al meglio i tempi dedicati alla comunicazione; lei può decidere di correggere gli errori avvicinandosi a ogni gruppo oppure con tutta la classe durante l'attività seguente.

4. Di' alla classe i nomi dei tuoi compagni.

5. Lavora con due compagni...

Incoraggi gli studenti che si presentano a stringersi la mano, quando dicono "piacere", come si usa in Italia tra persone adulte che non si conoscono. Quando ci si conosce tra ragazzi, invece, non ci si stringe la mano. Si può anche spiegare che quando ci si incontra tra amici talvolta ci si danno due baci sulla guancia partendo da quella destra, o a volte ci si abbraccia.

6. Ascolta e ripeti le parole.

Faccia ascoltare e ripetere la prima volta senza leggere le parole che sono trascritte nell'attività 7 e poi con le indicazioni per l'attività 7 ripeta l'ascolto. Se vuole seguire un percorso diverso da quello proposto, può passare alla sezione grammaticale per la parte sugli aggettivi in *o/a* ed *e*.

Alla scoperta della lingua

7. Ascolta e metti le terminazioni o, a oppure e.

Questa sezione è molto importante! Si ritroverà in tutte le unità del libro e ha un fine ben preciso: dare allo studente il piacere (e quindi la motivazione!) di essere lui a "scoprire" la grammatica, a dare un po' di ordine al caos di una lingua sconosciuta. Così facendo, lo studente impara anche a riflettere sulla lingua, impara ad imparare (slogan spesso scritto in molti manuali, ma mai realmente perseguito come finalità educativa); come avrà certamente notato, abbiamo pensato ad una grammatica essenziale finalizzata all'uso e non alla descrizione delle regole.

8. Lavora con un compagno.

A turno uno chiede il nome e la nazionalità di una persona e l'altro risponde.
Può introdurre a questo punto il problema dell'omissione del pronome personale soggetto, che viene trattato poi nella sezione grammaticale.

Alla scoperta della lingua

Questi riquadri hanno la funzione dei post-it gialli autoadesivi che spesso usiamo per stendere un appunto veloce. Li useremo in tutto il libro per focalizzare l'attenzione su alcuni meccanismi morfologici, sintattici, lessicali o altre osservazioni di diversa natura, che conviene anticipare rispetto alla sezione grammaticale, oppure che si troveranno in unità successive ma sono utili fin da ora.
Di solito questi post-it sono di tipo induttivo: è lo studente che deve trovare la regola.

9. Ascolta e completa il dialogo.

Sarà probabilmente necessario far ascoltare il dialogo due volte. E poi fare recitare il dialogo a quattro studenti a turno, mentre lo leggono.

Claudio: Siamo in frontiera, ecco la polizia!
Agente di polizia: Buongiorno; documenti, per favore?
Sandro: Ecco qua.
A: Lei è italiano?
S: Sì, sono italiano.
A: E Lei?
Maria: No, non sono italiana.
A: Di dov'è?
M: Sono argentina.
A: Come si chiama?
M: Maria Caballero
A: Maria? Scusi, come si scrive il cognome, per favore?
M: C.a.b.a.l.l.e.r.o.
A: Va in Italia per turismo?
M: No, studio italiano all'Università.
A: Bene, ... studia italiano. Grazie e arrivederci.
M: Prego. Buongiorno.

Oltre al momento fondamentale di riflessione sulla civiltà, rappresentato dalla sezione specifica, la civiltà in **Rete!** è "dispersa" in tutte le attività. Tuttavia oggigiorno sono talmente

tanti gli stimoli che la società dell'informazione ci offre che abbiamo ritenuto indispensabile trarne vantaggio dando vita a un sistema di interazione tra il testo su carta e le potenzialità di espansione, di approfondimento degli argomenti trattati attraverso Internet. Non si tratta di un percorso fondamentale per il buon utilizzo di **Rete!**, ma di una possibilità in più che offriamo da sfruttare, se si può o si vuole, insieme agli studenti in classe oppure come lavoro indipendente, ecc. Quando incontrerà questo simbolo saprà che sul sito Internet dedicato a **Rete!** ci sarà un collegamento ad altri siti il cui contenuto è attinente a quanto si sta facendo su carta. In questo caso il tema è il viaggio e il sito è quello dell'Alitalia. Troverà poi attività specifiche per cogliere meglio gli aspetti linguistici e culturali legati ai siti.
Non perda l'opportunità di conoscere questa parte del testo, è un modo nuovo di intendere la civiltà! Potrà scegliere le attività utili per la fascia di età dei suoi alunni. Ricordi che è importante oggi lavorare su una reale educazione all'uso delle nuove tecnologie.

Alla scoperta della lingua

È fondamentale che gli studenti colgano le nozioni di "formale" e "informale".

10. Ascolta e ripeti le lettere dell'alfabeto.

Gli studenti ascoltano e ripetono senza leggere le lettere. Poiché l'italiano è di solito la seconda o terza lingua straniera studiata, si presuppone che anche studenti cinesi, indiani, arabi, russi, ecc. abbiano già familiarità con l'alfabeto latino avendo presumibilmente studiato almeno l'inglese. Si dovrà tuttavia far notare che alcune lettere (vedi attività 12), pur essendo usate in italiano, non compaiono nell'alfabeto classico.

11. Ascolta nuovamente e leggi l'alfabeto.

Se lo ritiene opportuno faccia ripetere in vario modo le lettere per aiutarne la memorizzazione.
Ecco alcune tecniche di ripetizione:
1. far ripetere a uno studente la prima lettera, al seguente la seconda e così via in successione;
2. far ripetere a uno studente una lettera, il secondo studente ripete quella del primo e poi aggiunge la lettera successiva e così via ripetendo sempre tutte le lettere già dette dai compagni precedenti;
3. far ripetere a gruppi di tre le lettere in successione, seguendo l'ordine degli studenti;
4. le tre tecniche sopra, ma cambiando continuamente l'ordine degli studenti;
5. le tecniche sopra a mo' di gara tra gli studenti.

12. Ascolta e leggi le altre lettere.

Può utilizzare la registrazione per far ripetere le 5 lettere.

13. Ascolta i dialoghi e scrivi i nomi e i cognomi.

Come sempre in questi casi, un solo ascolto può rivelarsi insufficiente, ma è meglio non fare più di tre ascolti!

1:
Donna1: Come si chiama?
Donna 2: Yoko Ito.
Donna1: Come si scrive il nome?
Donna 2: Y.o.k.o.
Donna1: E il cognome?
Donna 2: I.t.o.
Donna1: Grazie.
Donna 2. Prego.

2:
Donna 1: Buongiorno.
Donna 2: Buongiorno.
Donna 1: Lei come si chiama?
Donna 2: Patricia Smith
Donna 1: Il nome è Patricia; come si scrive il suo cognome?
Donna 2: S.m.i.t.h.
Donna 1: Benissimo, arrivederci.
Donna 2: Arrivederci.

3:
Donna: Il suo nome, per favore?
Uomo: Thomas Kindle
Donna: Mi ripete il cognome?
Uomo: K.i.n.d.l.e.
Donna: Grazie, buongiorno.
Uomo: Buongiorno.

4:
Donna: Come ti chiami?
Ragazzo: Lars Jonsson.
Donna: Come? Puoi ripetere il nome?
Ragazzo: L.a.r.s.
Donna: Va bene, grazie.

14. A coppie fate dei dialoghi simili...

Si può riproporre il problema del registro formale e informale, utilizzando se necessario gli esercizi della sezione di grammatica. Se l'esercizio risulta troppo complesso inizialmente l'insegnante potrà invitare gli studenti a consultare il testo trascritto facendo loro una fotocopia o trascrivendo i testi alla lavagna.

15. Provate ora a dettare...

In questo corso abbiamo voluto accentuare molto il lavoro di coppia per tre ragioni:
a. gli studenti ci sono abituati, perché è molto diffuso nell'insegnamento dell'inglese (che presupponiamo sia avvenuto): in questo modo trovano una tecnica didattica cui sono abituati;
b. è uno dei modi per far parlare gli studenti in italiano;
c. toglie l'insegnante dal ruolo unico e monopolizzatore di "fonte", di colui che dice cosa fare e come fare, che detta, ecc.

RIFLESSIONE GRAMMATICALE

Questa sezione dell'unità è fondamentale: se è vero che l'impianto grammaticale di **Rete!** viene dato in maniera induttiva, facendo scoprire le regole, è altrettanto vero che la mente dello studente è abituata o va abituata alla sistematizzazione: ha bisogno di schemi, di risposte alle sue domande di chiarezza, di una riflessione esplicita.
L'importante è che la riflessione sia il coronamento di un percorso che, come indica la neurolinguistica, parte dall'intuizione, dalla globalità, per muovere a una analisi e, come in queste pagine, approdare a una sintesi.
Gli schemi presentati non sono completi. Mentre la mente dello studente richiede una sistemazione, è la mente di noi insegnanti che ci spinge a cercare la completezza. Diamo tempo al tempo: le parti mancanti verranno date nelle unità seguenti! E soprattutto facciamo nascere il bisogno comunicativo per le regole prima di presentarle.

1. Completa le frasi con il soggetto.

Consigliamo vivamente di non approfondire l'uso del pronome soggetto; in questo momento è tutt'altro che indispensabile e mal si sposa con la filosofia del testo che si basa sull'idea di una grammatica pedagogica essenziale.
È importante inoltre fare chiarezza in classe affinché gli studenti capiscano che lo studio della grammatica è solo una parte del percorso e quindi eventuali approfondimenti, individuali o di classe, potranno essere effettuati su un testo di grammatica di riferimento. In classe sarà possibile correggere e rivedere il lavoro svolto a casa e dedicare eventuali spazi aggiuntivi limitati allo studio della grammatica.

Chiavi: **2** Scusi, Lei è francese? **3** Lui è brasiliano, ma lei è italiana. **4** Scusa, tu ti chiami Giacomo?

2. Completa le frasi con il verbo *essere*.

> Chiavi: **2** Di dov'è Matteo? **3** Io sono italiana. E tu? **4** Scusa, ti chiami Ernesto, ma sei argentino o italiano?

3. Completa le frasi con il verbo *studiare* o *chiamarsi*.

> Chiavi: **2** Lui si chiama Kevin e lei si chiama Ann. **3** John non studia italiano. **4** Io studio inglese, ma tu non studi cinese?

Le frasi 3 e 4 usano la forma "studiare + lingua", senza l'articolo prima di quest'ultima. In effetti in italiano parlato si può anche sentire la forma "studio l'inglese", "studio il cinese", ma la forma corretta non prevede l'articolo.

4. Riordina le frasi.

> Chiavi: **2** Scusi, lei di dov'è? **3** Tu non studi italiano? **4** Lei è argentina e si chiama Claudia.
> **5** Scusi, lei si chiama Hassan?

Le frasi 2 e 5 potevano anche essere scritte con "Lei" anziché "lei", ma si tratta di una forma che sta sparendo dalla comunicazione scritta quotidiana, rimanendo solo in testi abbastanza formali o nelle occasioni in cui si vuole accentuare il rispetto.

5. Completa le frasi con un aggettivo del riquadro.

> Chiavi: **2** Vladimir è russo. **3** Iara è brasiliana. **4** Eva è tedesca. **5** La Renault è una macchina francese?
> **6** John è inglese.

LESSICO

Il sillabo lessicale è fondamentale nella concezione di **Rete!**
La morfologia, la sintassi, la coerenza e la coesione testuali sono la struttura portante di una lingua, sono come le colonne di cemento armato di una costruzione. Ma se non ci sono i semplici, umili mattoni non ci sono i muri – e non c'è neppure la costruzione. Alla fine del volume si trova il lessico che, alla fine di ogni unità, lo studente dovrebbe possedere o che comunque ha incontrato.

1. Quali di queste parole sono italiane?

> Chiavi: mozzarella; opera; ciao.

2. Fa' una lista delle parole italiane che si usano nella tua lingua.

Si tratta di un'attività fondamentale per raccordare lo studio dell'italiano con la propria esperienza quotidiana ma, soprattutto, per vedere quali parole della madrelingua gli studenti credono italiane e, di converso, quali parole tipicamente italiane lo studente non identifica come appartenenti alla nostra lingua.
Dopo aver dato qualche minuto per scrivere la propria lista, si può chiedere agli studenti di dire ad alta voce le parole che hanno scritto (i primi ne diranno varie, gli altri sempre meno perché le parole

tendono a ripetersi): in tal modo non va "sprecato" un lavoro, gli studenti sanno che contribuiscono a un'attività comune, si condividono le conoscenze dei vari membri della classe, si allarga di molto il lessico.

3. Metti gli aggettivi di nazionalità.

Chiavi: **1** francese; **2** italiano; **3** brasiliano; **4** giapponese; **5** tedesco.

4. Dividi gli aggettivi di nazionalità che conosci in due liste.

Anche in questo caso si può procedere a condividere le liste individuali come nell'attività 2.

Questo testo procede in modo diverso da molti altri e per parecchi versi presenta tratti profondamente innovativi. L'insegnante che comincia a usarlo può trovare strano certo tipo di scelta metodologica. Alla base sta tuttavia un livello approfondito di riflessione metodologica, non sempre facile da cogliere in modo rapido. Ad esempio continuando qui la riflessione su come è presentata la grammatica in **Rete!**, si è di fronte a un tentativo di applicazione del concetto di spirale, cioè della necessità di consolidare le conoscenze strutturali attraverso l'uso delle stesse in situazioni e contesti diversi. È l'uso che promuove il consolidamento e quindi l'acquisizione della grammatica e di altri elementi linguistici. In particolare crediamo che questo sia valido per studenti della fascia d'età cui è destinato **Rete! Junior**. Ovviamente non tutte le persone apprendono nello stesso modo e quanto affermato non è universalmente valido, ma Rete! interviene con una proposta che cerca di evitare quanto spesso invece si osserva e cioè opzioni metodologiche che non considerano la dimensione d'uso dei percorsi grammaticali. Inutile sottolineare i rischi per la motivazione degli alunni se non si procede all'insegna della varietà come cerchiamo di fare. Qui l'enfasi è posta sul lessico, ma allo stesso tempo si "sta facendo" grammatica, cioè si riflette su una suddivisione tra aggettivi in *-a/o* ed *-e*. Dunque la quantità di grammatica presente in **Rete!** non può essere valutata solo attraverso il numero di attività contenute nella sezione dedicata alla riflessione grammaticale. Lasciamo a lei la valutazione circa la qualità della nostra proposta, sempre ricordando che, così come lei deve imparare con il tempo a conoscere il libro, il libro deve imparare a conoscere lei, cioè il rapporto che si va a costruire nella classe prevede anche questa "persona" in più, il libro di testo che non deve essere considerato un oggetto inanimato, ma il modo che gli autori hanno per mettersi in contatto con lei e i suoi alunni proponendo un percorso formativo.
Se poi vorrà approfondire in altro modo questo rapporto potrà mettersi in contatto diretto con noi attraverso il sito **www.rete.co.it** dove sono contenuti i nostri indirizzi di posta elettronica.

CIVILTÀ

La sezione di Civiltà, pone lo studente di fronte al modello culturale italiano e va a integrare le conoscenze già offerte sulla lingua e cultura italiana.
In particolare le proposte operative nell'area "PROGETTO" sono state ideate con l'obiettivo fondamentale di collegare l'esperienza personale dello studente con le attività svolte per la scuola, e soprattutto per sensibilizzare gli studenti ad alcuni aspetti di tipo culturale strettamente correlati alla lingua italiana.
In tal modo si stimola la riflessione in primo luogo sulla cultura in generale e in particolare sul proprio modello culturale, sovente non compreso a sufficienza.
In secondo luogo si pone lo studente a confrontare il proprio modello con la cultura italiana.
In questa sezione, quindi, si invita lo studente a "fare", a produrre per iscritto e a reperire materiale di approfondimento di varia natura: il docente dovrà convogliare le ricerche e gli sforzi del discente facendo utilizzare e inserire il materiale (testi, foto, disegni etc.) in un apposito quaderno che potrebbe

essere denominato "Quaderno di civiltà". Questo strumento si arricchirà man mano che il corso di italiano procederà.

I materali che gli alunni sono invitati a preparare diventano un bagaglio personale che può essere consultato periodicamente dallo studente e/o archiviato in una sorta di portfolio personale, da poter utilizzare ed esibire ad un esame finale di corso o di ciclo scolastico.

Questa pagina può essere affrontata in due modi:
usando solo il libro. In tal caso l'operazione di abbinamento dell'attività 1 è abbastanza semplice e l'insegnante può aggiungere – nella lingua materna degli allievi, visto che siamo ancora nell'unità 1 – informazioni sull'Italia, ad esempio facendo notare quanto sia montagnosa e quindi come sia naturale che per secoli sia stata divisa in piccoli stati; quale sia la presenza di monumenti antichi come quelli riprodotti nelle foto (il 25% dei patrimoni artistici del mondo si trova in Italia!); si possono leggere insieme alcune parole della cartina intuendone il significato, come nel caso di mare, Sicilia, ecc. Come vede dal simbolo posto a destra sotto le foto questa pagina ha un collegamento in rete. In questo caso si tratta di alcuni siti dei Comuni delle città rappresentate nelle immagini. Da questi siti si può partire alla scoperta di tanti altri riguardanti Roma, Pisa, Milano, ecc.

1. Abbina le foto con le città.

In questa fase è possibile ampliare le informazioni con l'ausilio di cartoline/poster(forse già presenti in classe)/immagini dell'Italia/video (anche senza audio, si tratta solo di riconoscere luoghi) di documentari sull'Italia/ o quant'altro l'insegnante o gli studenti hanno a disposizione. È possibile inoltre chiedere agli studenti che città, posti, monumenti, ecc. hanno visitato o conoscono.

> Chiavi: **1** Roma, Colosseo; **2** Venezia, Piazza San Marco; **3** Pisa, Torre di Pisa; **4** Napoli, il Vesuvio; **5** Firenze, Campanile di Giotto; **6** Milano, Duomo di Milano; **7** Verona, l'Arena.

Progetto

Ogni percorso di **Rete! Junior** presenta un progetto. Si tratta di attività che hanno come minimo comune denominatore la dinamica collaborativa che cercano di realizzare. Si fanno lavorare i ragazzi attorno a un progetto linguistico e culturale concreto, cercando di stimolare il maggior livello possibile di interazione in lingua.

Sulla pagina del libro dello studente si troveranno quasi sempre solo dei richiami alle consegne che dovranno essere indicate da lei, sulla base di quanto trova in questa guida.

Le consigliamo di predisporre un cartellone da esporre in classe e di organizzare un quaderno per ciascun ragazzo dove saranno inseriti di volta in volta i Progetti.

Altre possibilità sono di tipo multimediale come far preparare ai ragazzi un file nel computer della scuola oppure una pagina sul sito web oppure...

Ecco le indicazioni che deve dare alla classe usando eventualmente la lingua degli studenti:

Ascolta il tuo insegnante e...
1. Trova delle immagini di città italiane (cartoline, giornali o da internet) e individua le città.
2. Porta le immagini in classe e illustrale ai tuoi compagni.
3. Scegli le immagini che ti piacciono di più e incollale sul quaderno.
4. Gioco: l'insegnante divide la classe in due squadre e mostra un'immagine di città d'Italia. La squadra che indovina più città vince il gioco.
5. Ora completa il tuo quaderno di cultura mettendo il titolo:"Alla scoperta dell'Italia" aggiungendo altre immagini (almeno sei) scrivendo cosa rappresentano ed il nome della città.

PERCORSO 2
ALLA STAZIONE

Continuiamo a incontrare Claudio e Anne. Lavori su questi due personaggi, li faccia in parte creare dagli studenti, poco importa se questo avviene nella loro lingua madre, in classi monolingui. Più complesso è il lavoro con classi plurilingui. Ma non è impossibile. Le ipotesi circa Anne e Claudio su come si svilupperà la storia, ecc., possono rimanere patrimonio del singolo e non essere condivise. Ad esempio potrebbe chiedere agli alunni di fare delle previsioni su cosa succederà nel corso del libro ai due personaggi e di scriverle per poi tornare a verificarle magari a fine anno, o su sua richiesta in occasione della ricomparsa dei due ragazzi nei percorsi successivi.

Come affrontare queste attività di ascolto

Faccia leggere i quesiti dopo aver spiegato il significato delle parole "vero" e "falso" (o, in altre unità, fate comprendere il senso del compito). Faccia poi ascoltare una prima volta la registrazione a libro chiuso, incoraggiando gli studenti a non leggere il testo che è riportato nell'attività seguente. La soluzione migliore è coprire il testo dell'esercizio 2. Se necessario spiegate il perché, dicendo che se si legge prima il testo non si sviluppa l'abilità d'ascolto, perché le informazioni giungono al cervello per l'83% attraverso gli occhi e solo per il 10% attraverso l'udito e quindi se si guarda il testo si capisce con gli occhi, ma non si impara a capire con l'orecchio. Quasi tutte le attività di questo libro sono basate su compiti da eseguire, è dunque fondamentale che gli studenti capiscano che non devono comprendere tutte le parole, ma che devono concentrarsi su ciò che è richiesto loro: in questo caso devono indicare se certe affermazioni sono vere o false. Spieghi eventualmente che quando si ascolta anche nella propria madrelingua difficilmente lo scopo è capire tutte le parole, ma piuttosto si ascolta in maniera selettiva per rispondere a determinati bisogni comunicativi.

1. Ascolta e rispondi alle domande.

Chiavi: **1** F; **2** F; **3** V; **4** F.

2. È difficile? Ascolta nuovamente il dialogo e leggi il testo.

Alcuni studenti tendono a demotivarsi se non capiscono da subito. Per questo abbiamo scelto un titolo non rituale per l'esercizio: può essere la scusa per una discussione.
Con molta cautela, facendo riferimento a quanto detto sopra, inviti gli studenti a leggere il testo ascoltando.

3 Abbina le figure alle parole.

Oltre alla lingua, questo libro presenta molti spunti culturali attraverso testi e immagini finalizzati a favorire una conoscenza moderna dell'Italia. Conoscere la cultura italiana, non solo quella con la "C" maiuscola, ma la cultura in senso lato, la vita in Italia, è indispensabile per migliorare l'efficacia della comunicazione linguistica.

Chiavi: **1** ristorante; **2** telefono; **3** bar; **4** WC (toilette, servizi); **5** ufficio postale; **6** stazione FS; **7** ufficio informazioni; **8** banca; **9** uscita.

Alla scoperta della lingua

5. Completa la tabella.

Se lo ritiene utile e conforme alla sua metodologia d'insegnamento è possibile anticipare l'attività 7 della sezione della grammatica. Spesso troverà questa indicazione. In realtà noi non incoraggiamo questo tipo di approccio perché siamo convinti che la fase di globalità dell'unità didattica vada rispettata e attraverso di essa i ritmi e la scansione di un apprendimento il più naturale possibile.

È per questo che la riflessione sulla lingua viene posticipata alla sezione grammaticale dove a questa prima fase della globalità tendente all'acquisizione naturale si abbina una parte dedicata all'apprendimento più sistematico.

7. Sai contare in italiano?
8. Ora ascolta e leggi i numeri,
9. Quali numeri senti?

Faccia ripetere i numeri varie volte, se necessario, e lavorare sulla pronuncia prima che gli studenti leggano come sono scritti. Per la ripetizione può utilizzare le tecniche presentate nell'unità 1. Quando gli studenti avranno nell'orecchio la pronuncia (es. 7) e già in parte memorizzato i numeri, faccia leggere i numeri ascoltando la registrazione (es. 8 e 9).

Chiavi: 3; 5; 10; 0; 15; 8; 18; 20; 7.

11. Ascolta il dialogo e scegli ogni volta tra A), B), C) e D).

L'attività, facile in sé, si presta per una considerazione culturale legata al post-it sui prefissi telefonici. In Italia, come in Europa, è in corso una ristrutturazione dei sistemi telefonici, per cui le informazioni che conosciamo oggi possono non essere vere tra pochi mesi. Anzitutto si sta pensando a eliminare i prefissi internazionali (0039 per l'Italia, tanto per comprenderci) all'interno dell'UE; in secondo luogo si pensa di uniformare in Europa le reti delle varie compagnie di cellulari della terza generazione; una delle soluzioni allo studio è quella di indicare con il primo numero il tipo di telefono: ad esempio, 8 indicherebbe i "telefoni verdi", cioè gratuiti per chi chiama, 2 quelli a forte pagamento (ad esempio certe linee erotiche), 3 i cellulari, 0 i telefoni fissi, e così via. La terremo informata e aggiornata!

Chiavi: a; a; d; d; a; c.

12. Abbina le domande alle risposte.

Questi esercizi, che paiono elementari, vanno spiegati agli studenti nella loro funzione cognitiva: servono non solo per esercitare la lingua, ma per costringerli a non procedere parola per parola – il che non aiuta a comprendere – ma a procedere globalmente: per rispondere alle domande della colonna a sinistra bisogna avere il panorama completo delle risposte a destra.

Chiavi: **2** con c; **3** con a; **4** con e; **5** con b; **6** con g; **7** con d.

13. Tocca a te...

Inviti gli studenti a registrare la propria voce su nastro se possibile.
- *Sono Paolo Vescovi. Tu come ti chiami?- Piacere!*
- *Ti devo fare alcune domande: di dove sei?*
- *Quanti anni hai?*
- *Studi o lavori?*
- *E dove abiti?*
- *Qual è il tuo indirizzo?*
- *E il numero di telefono?*
- *Bene, grazie, è tutto. Ciao.*

14. Ora scrivi le risposte.

Legga le domande una a una agli studenti in modo da permettere loro di ricordare quanto hanno ascoltato. In alternativa faccia riascoltare ogni domanda fermando la registrazione dopo ognuna.

15. Ora, a coppie, giochiamo a battaglia navale!...

La seguente attività ("Battaglia navale") può essere utilizzata per ulteriore pratica dei numeri.
Basterà fare una fotocopia dello schema per ogni studente. Ogni studente della coppia scrive 5 parole
(l'insegnante può variare il numero delle parole a seconda del tempo disponibile) orizzontalmente o
verticalmente nello schema. A turno, chiamando le coordinate di un quadratino ("A7", C20", ecc.)
ogni studente deve cercare di scoprire le parole dell'avversario. L'insegnante può suggerire come
rispondere: NON C'E' NIENTE\VUOTA, C'E' LA LETTERA..., HAI INDOVINATO LA PAROLA L'insegnante
può decidere quale tipo di lessico o di struttura grammaticale utilizzare nel gioco: a questo livello del
libro si può anche chiedere agli studenti di utilizzare tutte le persone del verbo essere e le prime tre
persone dei verbi: *studiare, chiamarsi, restare, prendere, abitare, studiare*. Inoltre questa attività può
essere utilizzata con altre strutture o classi semantiche di lessico anche nelle unità successive.

	1	2	3	4	5	6	7	8	9	10	11	12	13	14	15	16	17	18	19	20	21
A																					
B																					
C																					
D																					
E																					
F																					
G																					
H																					
I																					
L																					
M																					
N																					
O																					
P																					
Q																					
R																					
S																					
T																					
U																					
V																					
Z																					

LESSICO

1. Che cosa sai sulla geografia degli altri paesi ? Abbina le città ai paesi.

Non insista troppo sugli aspetti culturali di quest'attività specialmente se nota che qualche studente è
in difficoltà.

Chiavi: b con 3; c con 2; d con 6; e con 1; f con 8; g con 5; h con 7.

3. Dove troviamo le seguenti cose? Completa la tabella.

Questi esercizi di abbinamento sono fondamentali per sviluppare la capacità di comprensione globale. Vediamo meglio di cosa si tratta.

Noi comprendiamo anzitutto con il cervello destro, che vede globalmente la situazione, tiene un po' tutto in memoria, e poi passa i dati all'emisfero sinistro che li analizza.

Ora, gli studenti che affrontano una lingua straniera tendono spesso a basarsi soprattutto sull'analisi (e dobbiamo dire che buona "colpa" di questo vizio è di noi insegnanti!), per cui si fermano alla prima parola che non conoscono con precisione, si bloccano senza rendersi conto che magari una riga dopo trovano la chiave che apre la comprensione anche di ciò che non si conosce.

Gli esercizi di abbinamento (ne abbiamo avuto uno anche sopra) servono per abituare la mente a procedere globalmente: non si può eseguire il compito se non si vede un po' tutto nel complesso, globalmente, per sapere che cosa c'è nell'elenco, cosa nelle figure...

Chiavi:	
Ristorante	Pasta, caffè, acqua minerale, pizza, gelato
Banca	Carta di credito, soldi
Ufficio postale	Francobollo, lettera, cartolina
Stazione ferroviaria	Biglietto del treno.

4. Abbina le figure agli aggettivi del riquadro.

Gli studenti possono non sapere tutte le parole necessarie, ma l'importante è che riescano ad associare un aggettivo a un disegno. È importante associare coppie di opposti ("grande – piccolo", "brutto – bello", ecc.) perché la memoria conserva i dati quando garantiscono completezza: "bello" da solo non basta, serve anche "brutto" perché la memoria incameri il concetto di aggettivi che indicano la bellezza.

Chiavi: 2 vecchio; 3 grande; 4 piccolo; 5 bello; 6 brutto.

Attività supplementare

Se si vuole rafforzare questa serie di tre coppie di opposti si può disegnare alla lavagna rapidamente lo schema del cruciverba qui sotto, che include le tre coppie... ma con una sfida: trovare quale delle coppie è incompleta (per la precisione: grande/piccolo: c'è solo il primo dei due aggettivi) e quindi quale altra parola è stata ripetuta due volte (si tratta di bello).

								B
			G	R	A	N	D	E
		B				U		L
	V	E	C	C	H	I	O	L
		L				V		O
		L				O		
B	R	U	T	T	O			

5. Tocca a voi. Come si dice in italiano?

6. Tocca a voi. Come si scrive?

Continuiamo in queste due attività a sviluppare l'italiano della classe.

PERCORSO 2 ALLA STAZIONE

Rete! JUNIOR

RIFLESSIONE GRAMMATICALE

Continuiamo in queste due attività a sviluppare l'italiano della classe.

1. Completa le frasi con il verbo *essere*.

Chiavi: **2** siamo; **3** sono; **4** siete; **5** sono; **6** sei; **7** è, **8** sono.

2. Scrivi la forma corretta del verbo *avere*.

Chiavi: **2** hai; **3** ha; **4** ha; **5** ho.

3. Completa le frasi con un verbo.

Chiavi: **2** Cristina ha un indirizzo nuovo.
3 Di dove siete?
Io sono di Istanbul, lui è di Tunisi.
4 Quanti anni hai? Ho 15 anni.
5 A Parma c'è una stazione ferroviaria.
6 Noi siamo francesi e voi di dove siete?

4. Completa le frasi con un verbo del riquadro.

Chiavi: **2** lavora; **3** studia; **4** scrive; **5** si chiama; **6** vivi.

Attività supplementare

Può rapidamente tracciare alla lavagna lo schema che include tutti i verbi dell'esercizio:

```
                A
        S       B
        C H I A M A R S I
        R       T           T
        I       A           U
  L A V O R A R E           D
        E       E           I
        R                   A
        E           V I V E R E
                            E
```

5. Metti le frasi alla forma negativa.

Chiavi: **2** Loro non abitano a Parigi.
3 Io non abito in Via Garibaldi 17.
4 Graziano non ha un indirizzo nuovo.
5 Non ho una casa bella.
6 Marco non ha un numero di telefono.
7 Lucia non studia italiano all'università.
8 John non scrive una lettera a David.

6. Metti l'articolo indeterminativo.

Chiavi: **2** un'; **3** un; **4** una; **5** un; **6** una; **7** un; **8** una; **9** uno; **10** uno.

7. Completa le parole.

Chiavi: **2** A scuola ci sono tre studenti russi e due tedeschi.
3 Karl ha un indirizzo nuovo.
4 Molte ragazze italiane sono belle.
5 Il tuo libro non è brutto.
6 All'aeroporto ci sono due banche e cinque agenzie Rent-a-car.
7 Ana e Paula sono due ragazze portoghesi.
8 A Bologna c'è un piccolo ristorante francese.

8. Guarda le figure e fa' delle frasi.

Chiavi: **2** Carlo vive a Roma in Italia.   **4** Pilar vive a Barcellona in Spagna.
3 Maria vive a Rio de Janeiro in Brasile.   **5** David vive a Londra in Inghilterra.

AUTOFORMAZIONE
Questa è una pagina che rimanda alla pluralità culturale; dal Dizionario di glottodidattica di Paolo E. Balboni (Guerra-Soleil, 1999) riprendiamo tre voci che riguardano il ruolo dell'elemento culturale nell'insegnamento linguistico.
• **cultura**
Secondo la definizione di Lévy-Strauss è "cultura" tutto ciò che non è "natura": la natura pone il bisogno di nutrirsi, coprirsi, procreare, ecc., e le varie culture offrono modelli culturali quali il modo di procurarsi, preparare e distribuire il cibo, il modo di creare abitazioni e vestiti, le regole di corteggiamento, la struttura familiare, e così via. Alcuni modelli culturali possono risultare più produttivi di altri, e costituiscono la civiltà di un popolo, ma per il resto tutte le culture sono egualmente degne. Questo atteggiamento di rispetto e, possibilmente, interesse per la diversità culturale, rappresenta una meta educativa [>] essenziale della glottodidattica e viene definita relativismo culturale (> Culturizzazione).
• **culturale, competenza**
Mentre l'approccio grammaticalistico perseguiva una competenza culturale intesa come accesso ai testi della letteratura, della cultura umanistica in generale, nell'ambito dell'approccio comunicativo "cultura" ha assunto valore antropologico e indica un reticolo di valori, di modi di vivere, di modelli di organizzazione sociale, ecc. La competenza culturale indica dunque la capacità di comunicare in maniera appropriata alla "scena" culturale al cui interno si realizza l'evento comunicativo. In ambito glottodidattico si preferisce oggi far rifluire la competenza culturale in una categoria più vasta, la competenza socio-pragmatica.
• **culturizzazione**
È una delle mete educative sia dell'educazione generale sia di quella linguistica.
La culturizzazione si articola in due processi diversi:
- inculturazione, relativa all'acquisizione dei modelli culturali della propria comunità (anche se ogni individuo potrà poi apportare contributi originali e mutare la cultura di appartenenza);
- acculturazione, relativa alle culture straniere. La finalità minima dell'acculturazione è il relativismo culturale, ma in un'educazione linguistica piena il semplice relativismo si dovrebbe trasformare in un interesse positivo, attivo verso l'altro da sé.

9. Completa le domande.

Chiavi: **2** dove; **3** qual; **4** come; **5** di dove; **6** perché; **7** come; **8** quanti.

10. Rendi formale il dialogo.

Chiavi: Buongiorno Signor Russo.
Buongiorno Signor Porta. Questo è Karl Ohlendorf.
Piacere Signor Ohlendorf. (Lei) è tedesco?
No, sono austriaco.

Perché è in Italia?
Lavoro a Milano.
Ah, bene. Ora devo andare. Arrivederci!
Arrivederci!

CIVILTÀ

L'ITALIA FISICA

Suggeriamo di iniziare questa sezione utilizzando tutte le immagini presenti sia per elicitare il lessico che gli studenti già conoscono che per raccogliere le informazioni di cui gli studenti possono essere già in possesso sull'Italia, le sue regioni e città.

Queste parti di civiltà, che possono anche essere utilizzate all'inizio della lezione come fase di motivazione, possono risultare difficili se affrontate in italiano. Spetterà a lei decidere un giusto dosaggio di italiano e, dove possibile, lingua degli studenti.

Progetto

Anche in questo percorso se lo desidera può utilizzare il cartellone che avete predisposto o altri strumenti per l'elaborazione del progetto. Riuscire a dare visibilità al prodotto di questi percorsi è molto importante. Sia nell'immediato perché si corona lo sforzo di tutti, sia come possibilità di ricordare in futuro. Inoltre se i lavori vengono esposti in classe, si crea una vitalità nell'aula che i muri spogli certamente non trasmettono, oltre a un più forte senso di appartenenza, facendo emergere uno dei presupposti pedagogici in cui crede Rete! e cioè la necessità di creare conoscenza insieme in modo collaborativo.

Inoltre l'insegnante dovrà dare le seguenti indicazioni usando eventualmente la lingua degli studenti:

Ascolta il tuo insegnante e...
1. Divisi a gruppi, trovate delle informazioni su una regione dell'Italia e poi spiegate ai vostri compagni
   Se vuoi trovare immagini dell'Italia, visita questi siti internet: www.rete.co.it.
2. Gioco: a turno ogni compagno nomina una regione e gli altri devono dire le regioni confinanti e il capoluogo. Vince chi ricorda più informazioni.
3. Trova almeno due regioni montuose o pianeggianti e descrivile.
4. Trova informazioni sui nomi dei mari che bagnano l'Italia.

2. Sai qualcosa sulla geografia dell'Italia?

Spieghi come funzionano queste attività che rimandano lo studente a pagine più avanti nel libro. Li inviti a non guardare le pagine del compagno in modo da non perdere la motivazione che è mantenuta alta se l'informazione non viene scoperta in modo non lecito. Questo tipo di attività risulta essere fortemente comunicativo e per questo viene spesso utilizzato. Continuiamo a incontrare Claudio e Anne.

Chieda agli studenti di leggere il titolo dell'unità e di guardare le foto, per cercare di immaginare i contenuti della lezione. Questa attività di previsione dei contenuti è fondamentale per trasformare la comprensione da attività puramente linguistica ad attività cognitiva, che quindi coinvolge maggiormente la mente e assicura un'acquisizione più semplice e proficua. Quanto ai contenuti, con questo percorso **Rete!** compie un balzo: se i primi due percorsi erano, in qualche modo, introduttivi, qui entriamo nella comunicazione piena. Non si preoccupi dell'apparente incremento di difficoltà: se i testi sono complessi (se devono presentare la comunicazione vera non possono essere i soliti, miseri dialoghetti) le attività sono semplici; non si tratta mai di assimilare tutto l'input fornito, ma solo una sua parte accuratamente selezionata; non si deve comprendere tutto, ma solo cogliere i dettagli richiesti – sui quali poi si lavorerà nel corso dell'unità.

1. Claudio ha alcuni amici di penna. Oggi telefona a uno di loro. Secondo te a chi? E perché? A coppie fate delle ipotesi.

Inviti gli alunni a fare delle previsioni. È un'attività fondamentale come detto sopra che deve risultare in un'abitudine consolidata di lavoro. Non è cioè inutile, anzi, ripetersi nella formulazione di ipotesi. Sta a lei cercare di non stancare e demotivare gli alunni, ma dalla sua, o dalla nostra, abbiamo il fatto che formulare ipotesi, procedere per soluzione di problemi è una caratteristica della maggior parte delle attività umane, pensi solamente al gioco, per fare un esempio molto vicino ai sui studenti.

2. Ora ascolta la conversazione. A chi telefona Claudio? E perché?

> Chiavi: Pilar è la ragazza numero 5.

Pilar: Sì?
Claudio: Pronto, Pilar? Sono Claudio.
Pilar: Claudio, ciao. Che bello sentirti! Come stai?
Claudio: Bene e tu?
Pilar: Anch'io grazie. Ma fa molto caldo qui!
Claudio: Qui si sta benissimo! Senti, ho alcune domande da farti per il corso di italiano.
Pilar: Ci sono possibilità, allora?
Claudio: Sì certo... Nome e cognome, li so: Pilar Fuentes. Età 15 anni. Nazionalità, argentina, vero?
Pilar: Sì, ma la nonna, la mamma della mamma è italiana.
Claudio: Il numero di telefono di casa ce l'ho? Hai il cellulare?
Pilar: Sì, ti do il numero: 155-008842.
Claudio: L'indirizzo esatto e il telefono di casa esatto.
Pilar: Claudio, ma queste informazioni, le hai tutte: Oroño 1120. 2000 Rosario. Argentina. Il telefono: 0054 se chiami dall'Italia e poi 341-440-5401.
Claudio: L'ultima domanda: che scuola fai?
Pilar: Lo sai: il tipo di scuola si chiama "Polimodal", studio economia e sono al primo anno.
Claudio: Ah, ancora una domanda, l'ultima. Che lavoro fa tuo padre?
Pilar: È medico.
Claudio: E tua madre? E quali lingue straniere conosci? Sai usare il computer?
Pilar: [ride] Claudio, basta! Italiano e inglese e mia madre fa la professoressa. E sì, so usare il computer.
Claudio: Va bene, Signorina. Il Commissario Claudio Montalbano ora sa tutto.
Pilar: Claudio, quando ti incontro...

3. Ascolta nuovamente la conversazione e completa la tabella.

Queste attività si svolgono senza l'ausilio del testo del dialogo, che tra l'altro può risultare complesso. Non si preoccupi e soprattutto incoraggi gli studenti, confortandoli durante l'attività e gratificandoli a risultato ottenuto, cioè una volta completata la tabella che segue. Torni a dire loro che si impara ad ascoltare ascoltando e non leggendo. Alla fine se proprio lo desidera, ma lo riteniamo parzialmente superfluo, fotocopi il testo così come lo trova sulla sua guida e faccia riascoltare la registrazione mentre gli studenti leggono. Per rendere questa un'attività basata su un compito, cancelli alcune parole dal testo, ma non tante, fotocopi e consegni il testo così modificato e poi inviti gli alunni a completarlo durante l'ascolto.

Chiavi:	
Nome	Pilar
Cognome	Fuentes
Età	15
Nazionalità	Argentina
Indirizzo	Oroño 1120. 2000 Rosario. Argentina.
Numero di telefono	0054 341-440-5401
Numero di telefono cellulare	155-008842
Lingue straniere	Italiano e inglese
Esperienza (studio o lavoro)	Studia in un istituto "polimodal" economia
Altro	Suo padre è medico, sua madre fa la professoressa.

4. Quante domande per un corso!

titolo di studio; patente; stato civile; sposato.

Es.: Cosa vuol dire "sposato"? Vuol dire...

In classi monolingue l'esercizio è possibile attraverso la traduzione, in classi multilingui attraverso una lingua comune oppure con il supporto dell'insegnante. A questo punto non è pensabile che gli studenti spieghino i significati.

5. Che lavoro fanno?

Chiavi: **1** casalinga; **2** medico; **3** muratore; **4** insegnante; **5** studente; **6** parrucchiera; **7** taxista; **8** impiegato; **9** macellaio; **10** poliziotto; **11** commessa; **12** contadino; **13** meccanico.

6. Insieme a due compagni controlla le risposte.

La correzione tra studenti è sempre utile perché toglie l'insegnante dal ruolo di giudice.
Anche nella precedente attività l'insegnante è stato un aiuto, non un controllore.

7. Guarda le figure e con un compagno...

Chiavi: Angelo: poliziotto; Rino: meccanico; Luisa: insegnante; Lino: parrucchiere; Anna: casalinga; Salvatore: cameriere.

Casalinga e cameriere sono due parole introdotte qui per la prima volta, ma che vengono usate altre volte in questa stessa unità. Lasci che gli studenti notino i due termini mancanti e li introduca.
Sulla base del "post-it" di scoperta grammaticale, faccia notare che si possono usare *fare* ed *essere*.
Le foto si prestano anche a commenti culturali:
• Salvatore, stando al nome, viene dal sud. È un nome non usato al nord;
• Anna è in cucina, ma non è detto che faccia la casalinga; soprattutto al centro-nord e in zone urbane le donne lavorano;

• Lino è un parrucchiere per signora; è sempre più frequente trovare uomini che fanno questo mestiere;
• Luisa è un'insegnante; fino a qualche tempo fa le insegnanti erano quasi tutte donne, ora sono sempre di più gli uomini che fanno questa professione in certe discipline e tipi di scuola o all'università.

Attività supplementare

Come ha indicato Lozanov, il padre della suggestopedia, tra le forti motivazioni per studiare una lingua c'è anche il gioco di crearsi una vita "alternativa", cioè di usare la lingua nuova per dire quello che si vorrebbe essere.
Si può dunque proporre agli studenti di compilare una loro carta di identità, con le voci che lei può scrivere alla lavagna, usando il nome che avrebbero voluto avere, l'età che si sentono, il mestiere che vorrebbero fare, ecc. Poi si può fare una statistica per vedere quali nomi, età, mestieri sono preferiti. L'insegnante riceve da questa attività molte indicazioni psicologiche sui suoi allievi, che possono tornargli utili per evitare di creare filtri affettivi e per sostenere la motivazione in futuro.

8. Lavora con un compagno. Uno di voi...

Per lo studente A

Nome	Inge
Cognome	Moeller
Nazionalità	Tedesca
Età	20
Indirizzo	Wichernstrasse 18. Erlangen
Numero di telefono	323569
Lavoro	Parrucchiera
Stato civile	non sposata
Lingue straniere	Francese
Patente	Sì

Nome	Hans
Cognome	Meyer
Nazionalità	Tedesca
Età	19
Indirizzo	Wichernstrasse 18
Numero di telefono	323569
Lavoro	Idraulico
Stato civile	non sposato
Lingue straniere	Nessuna
Patente	Sì

Per lo studente B

Nome	Pedro
Cognome	Alvarez
Nazionalità	Spagnola
Età	20
Indirizzo	Calle del Puente 3; Granada
Numero di telefono	2456312
Lavoro	Impiegato
Stato civile	non sposato
Lingue straniere	Inglese e portoghese
Patente	No

Nome	Ana
Cognome	Perez
Nazionalità	Spagnola
Età	20
Indirizzo	Calle Colòn 21, Granada
Numero di telefono	67521134
Lavoro	Commessa
Stato civile	non sposata
Lingue straniere	Inglese
Patente	Sì

ABILITÀ

1. Leggi rapidamente i testi, poi abbina le foto ai testi.

Chiavi: a con 2, b con 4, c con 1.

Attenzione abbiamo scelto, volutamente, foto che possono far riflettere. Cioè le risposte che abbiamo fornito sono solo un'ipotesi di lavoro, ma in realtà quello che vogliamo ottenere è la riflessione attorno alle caratteristiche somatiche di questi ragazzi: anche il 6 potrebbe essere ecuadoriano o la 5 o la 3 Dominique, ma le suggeriamo che queste riflessioni vengano condotte dai ragazzi dietro suo stimolo.

Alla scoperta della lingua

Leggi nuovamente i testi e prova a completare la tabella.

Articolo determinativo	
Femminile	**Maschile**
il medico	la casalinga
lo studente	l'infermiera
l'impiegato	....

Dizionario

La "freccia" accanto al titolo indica che si tratta di un approfondimento riguardante una strategia di studio. Se ne troveranno in quasi tutte le unità, nella convinzione che lo slogan "imparare a imparare" debba essere tradotto in pratica insegnando delle strategie, dei processi. In questo caso avviciniamo gli studenti all'uso del dizionario di italiano, con tutte le sue sigle, abbreviazioni, ecc. Se gli studenti non hanno un dizionario, può fare la fotocopia del suo dizionario, magari nella pagina in cui compare "medico" per confrontarlo con l'esempio riportato. Anche il post-it sulla formazione delle parole rientra in questo sforzo di fare apprendere strategie: non conoscono certo "abbreviazione", ma partendo da "breve", "corto", ci si può arrivare – magari con la sua guida!

6. Leggi la frase e cerca sul dizionario...

7. I dizionari usano spesso abbreviazioni...

Questo tipo di attività verrà spesso utilizzato in questo libro perché permette di far scoprire il significato dei termini e di applicare un metodo induttivo anche al lessico.

Chiavi: **2** con e; **3** con f; **4** con b; **5** con a; **6** con d.

LESSICO

1. Abbina definizioni e lavori.

Chiavi: **2** con g; **3** con c; **4** con b; **5** con a; **6** con d; **7** con f.

RIFLESSIONE GRAMMATICALE

1. Metti il verbo alla persona richiesta.

Chiavi: **2** vende; **3** scrivo; **4** lavora; **5** ascolto; **6** torni; **7** finisco; **8** senti.

2. Metti i verbi dell'esercizio 1 al plurale.

> Chiavi: **2** vendono; **3** scriviamo; **4** lavorano; **5** ascoltiamo; **6** tornate; **7** finiamo; **8** sentite.

Attività supplementare

Se vuole dare una versione giocosa dell'esercizio 2, può disegnare alla lavagna, con poche righe, lo schema di cruciverba che qui sotto le diamo già compilato: contiene tutti i verbi dell'esercizio.
Quindi basta che lei faccia venire alla lavagna uno studente e gli "detti" le definizioni in questo modo "Nell'1 orizzontale c'è il verbo 'scrivere': noi........", "nell'1 verticale c'è il verbo 'sentire': voi......", e così via.
Può far fare 4 verbi ad uno studente e 4 a un altro.

```
S  C  R  I  V  I  A  M  O
E              S        F
N              C        I
T        L  A  V  O  R  A  N  O
I        B     L        I
T        I     T        A     V
E        T     I        M     E
         A     A     T  O  R  N  A  T  E
         R     M              D
         E     O              O
                              N
                              O
```

3. Completa le frasi con un verbo.

> Chiavi: **1** ascolto; **2** viviamo/abitiamo; **3** finite; finisco; finisce; **4** torno; **5** ama; **6** scrivete.

VERBI IRREGOLARI

È forse utile affrontare con gli studenti il tema dei verbi irregolari in italiano, facendo notare che sono molti e sono, soprattutto, quelli di uso frequente.

4. Completa le domande e le risposte con essere, avere, sapere o fare.

> Chiavi: **1** è; **2** avete; **3** sanno, sanno; **4** fai, faccio; **5** è, abbiamo; **6** fa, fa; **7** sai, so; **8** hai.

Attività supplementare

Se vuole far fare ancora un po' di pratica sui verbi, in modo giocoso, può chiedere agli studenti di lavorare a coppie. Uno fa una frase, ma al posto del verbo dice "biip". Ad esempio: noi ...biip... bene l'inglese.
L'altro studente deve indovinare il verbo, in questo caso potrebbe essere "parliamo" o "sappiamo".

5. Metti l'articolo determinativo e completa le parole.

Lo scopo di questo esercizio non sta tanto nella scelta dell'articolo giusto, visto che ci si lavora già da tre percorsi, ma quanto piuttosto nella creazione di una connessione tra articolo e desinenza dei sostantivi e degli aggettivi. L'italiano infatti è una lingua ad alta ridondanza, cioè l'informazione sul numero e sul caso viene ripetuta più volte: è quindi importante abituarsi a fare attenzione all'articolo perché così si può evitare al nostro cervello lo sforzo di andare a scindere le parole successive per identificare genere e numero.

> Chiavi: **1** La casa nuova di Anna è molto bella.
> **2** Questo è Ivan, lo studente russo.
> **3** La ragazza carina è mia amica.
> **4** Leggi l'ultimo libro di Eco, è interessante.
> **5** L'amico/a di Mario è felice perché ha la macchina nuova.
> **6** Giorgio fa l'impiegato.

6. Completa le frasi con l'articolo determinativo dove necessario.

> Chiavi: **2** in Piazza del Popolo; **3** il Signor Rossi fa l'ingegnere; **4** il Portogallo; **5** Signora, lei...; **6** la mia casa...; **7** il libro...; **8** lo studente con la tua amica....

7. Lavora con un compagno.

Le suggeriamo la possibilità di trasformare l'esercizio in una gara: 1 punto per ogni mestiere, 1 punto per ogni articolo, vince chi ne totalizza il maggior numero.
Dove possibile abbiamo introdotto attività di grammatica comunicativa e se possibile la invitiamo a stimolare attività complementari o a trasformare quelle proposte per aumentare il piacere degli studenti. Il gioco dà piacere. Non si tratta quindi di stimolare con queste attività la competitività, ma al contrario la solidarietà che il giocare insieme induce. In classi dove siano presenti elementi troppo competitivi sarà forse opportuno non applicare queste tecniche.

A pag. I:
1 Chi compra prodotti in un negozio?
2 Chi aiuta il medico?
3 Chi costruisce case?
4 Chi vende carne?
5 Chi lavora in casa?
6 Chi serve i clienti in un ristorante, bar, pizzeria?

> Chiavi: **1** il cliente; **2** l'infermiera; **3** il muratore; **4** il macellaio; **5** la casalinga; **6** il cameriere.

A pag. III:
1 Chi lavora in ufficio?
2 Chi ripara le macchine?
3 Chi cura i malati?
4 Chi arriva in macchina quando i clienti chiamano?
5 Chi lavora in un negozio, vende cose ai clienti?
6 Chi produce frutta e verdura?

> Chiavi: **1** l'impiegato; **2** il meccanico; **3** il medico; **4** il taxista; **5** il commesso; **6** il contadino.

Questa attività ha come pre-requisito il lavoro sui due post-it grammaticali, relativi alle preposizioni di luogo.

8. Metti le preposizioni.

> Chiavi: **2** per; **3** a; **4** in; **5** per; **6** in; **7** per; **8** in; **9** a.

9. Fa' le domande.

Chiavi: a volte ci sono più possibilità.
2 Che tipo di musica ascolti?
3 Cosa fa un macellaio?
4 Dov'è Madrid?
5 Chi è?
6 Perché sei in Italia?
7 Quando torni a casa?
8 Cosa vuol dire "cat"?

CIVILTÀ

Se lo ritiene opportuno e ne ha la possibilità, può dare agli studenti alcune di queste informazioni.

Il lavoro in Italia rappresenta un tema forte per lo studio della civiltà.
Anzitutto, molti degli studenti sono forse discendenti di emigranti che lasciarono l'Italia tra la fine dell'Ottocento e gli anni Sessanta del Novecento per cercare una fonte di sopravvivenza all'estero: si può chiedere a tali studenti se sanno che lavoro facevano i loro antenati.
Oggi in Italia il lavoro c'è, ma è mal distribuito: le aziende del nord, soprattutto quelle del nord-est, hanno un enorme bisogno di mano d'opera e non riescono a trovarla, per cui si rivolgono a stranieri; al sud c'è mano d'opera in sovrabbondanza, con conseguente disoccupazione, ma non ci sono molte aziende disposte a investire in quelle regioni e i giovani, spesso con un diploma o una laurea, non sono disposti a emigrare al nord, preferendo restare in famiglia fino a 30, 35 anni in attesa di trovare un posto al sud.
Negli ultimi anni anche in Italia ci sono nuovi lavori, legati all'informatica e al terziario, e molti di questi posti sono "flessibili", cioè non sono più posti di lavoro fissi come nei decenni precedenti.
Un'altra informazione: i disoccupati italiani sono quasi sempre persone che hanno avuto una formazione buona, fino alla scuola secondaria superiore o anche all'università... ma non si trovano disoccupati disposti a fare lavori faticosi (muratore, idraulico, imbianchino, ecc.) o ritenuti umili, quali l'infermiere, lo spazzino, il lavapiatti in un ristorante, l'addetto alle pulizie. In tutti questi casi troviamo degli immigrati: i cittadini stranieri con normale permesso di soggiorno sono, all'inizio del 2003, oltre 2 500 000!

1. Abbina i mestieri alle foto.

Chiavi: 1 gondoliere; 2 pizzaiolo; 3 contadino; 4 operaio; 5 impiegata; 6 responsabile dei servizi informatici; 7 guida turistica.

Progetto

Ora ascolta il tuo insegnante e
5. Gioco: a turno ogni compagno mima un mestiere e gli altri devono indovinare. Vince chi indovina più mestieri.
6. Intervista i tuoi compagni su quale lavoro desiderano fare e fa' un grafico sui mestieri più desiderati.
7. Crea una tabella indicando a quali settori appartengono i lavori desiderati dai tuoi compagni.

PERCORSO 4
LA FAMIGLIA

Spesso il tema della famiglia è affrontato facendo parlare gli studenti della propria famiglia, magari commentando alcune fotografie che portano in classe. Faccia attenzione a non usare quest'approccio all'inizio, perché potrebbe risultare controproducente, anziché creare motivazione la ridurrebbe, in quanto qualcosa di analogo viene proposto all'interno dell'unità. Potrebbe invece seguire i suggerimenti dell'attività 2.

1. Ascolta la telefonata e completa il dialogo.

Si tratta di un'attività di dettato. È importante che gli studenti sappiano chiaramente cosa devono fare e conoscano il contenuto della telefonata per quanto riguarda le battute di Anne. Li inviti a leggere la parte di Anne ed eventualmente, con tutta la classe, a immaginare cosa potrebbe dirle Claudio. Lasci che gli studenti giochino con quest'attività di immaginazione. È un modo per incoraggiare e dar valore a una tecnica che aiuta e agevola fortemente la comprensione.

Claudio: Pronto?
Anne: Pronto, posso parlare con Claudio, per favore?
Claudio: Sono io. Chi parla?
Anne: Sono Anne.
Claudio: Anne? Ciao, come stai?
Anne: Bene e tu?
Claudio: Bene, grazie. Come va il corso di italiano?
Anne: Per il momento molto bene. Comincia domani!!
Claudio: [Ride] Senti, possiamo fare qualcosa insieme?
Anne: Non lo so....
Claudio: Perché non vieni a cena a casa mia domani sera?
Anne: Va bene. Cucini tu?
Claudio: Tranquilla! Cucina mia madre.

2. Secondo te chi sono queste persone per Claudio?

Se non l'ha già usata come attività iniziale di motivazione, per introdurre quest'esercizio (e altri successivi) potrebbe fare alcune domande generiche su come pensano che siano le famiglie italiane per poi lasciare il tema senza approfondirlo, creando così motivazione. Probabilmente gli studenti immaginano una famiglia italiana piuttosto numerosa. In contesti dove esistono modelli di famiglia allargata anche l'esperienza degli studenti può essere utile per elicitare alcuni termini dell'ambito lessicale della famiglia e suscitare curiosità. Non insista troppo, comunque, sulla parte lessicale: quest'attività serve solamente per cominciare a conoscere il tema da un punto di vista lessicale.

> Chiavi: Carlo, padre; Giuseppina, madre; Simona, figlia/sorella; Claudio, figlio/fratello; Ugo, nonno; Anna, nonna; Marcello, zio.

La parola "nipote": dedichi un momento a spiegare, se necessario, questo problema lessicale, che a volte un semplice schema non riesce a risolvere.

3. Ascolta il dialogo e completa gli spazi vuoti.

Anne: Posso entrare?
Claudio: Dai! Entra!... Anne ti presento i miei genitori.
Mia madre, Giuseppina e questo è mio padre, Carlo.
Anne: Piacere. Come siete giovani!
Carlo: Grazie, ma non è vero. Io ho 48 anni e mia moglie 45.
Claudio: E quella è mia sorella, Simona.

Anne: Ciao Simona, piacere!...
Carlo: Forza, andiamo a tavola. È ora di mangiare.
Anne: Scusate, vorrei lavarmi le mani. Dov'è il bagno per favore?
Carlo: È la prima porta a sinistra.

Faccia notare che è abitudine in Italia lavarsi le mani prima di mangiare. Quando si hanno ospiti si prepara in bagno un asciugamano pulito per loro.

Alla scoperta della lingua

Guarda il testo della conversazione e completa la tabella.

Maschile		Femminile	
Singolare	Plurale (irregolari!)	Singolare	Plurale
mi...o..........	miei	mi...a..........	mi...e..........
tu...o.........	tuoi	tu...a.........	tu...e.........
su...o.........	suoi	su...a.........	su...e.........

Alla scoperta della lingua

5. Completa la tabella con i nomi del riquadro.

Chiavi: il figlio, nonno, fratello, marito; la figlia, sorella, madre, moglie; i nonni, genitori, padri, fratelli; le sorelle, madri, mogli.

6. Insieme a un compagno, a turno parlate delle relazioni nella famiglia di Sandro.

Chiavi: Claudio/Giuseppina; figlio. Giuseppina/Simona; madre. Carlo/Giuseppina; marito.
Claudio/Simona; fratello. Ugo/Simona; nonno. Giuseppina/Carlo; moglie.
Simona/Carlo; figlia. Anna/Claudio; nonna. Carlo e Giuseppina /Claudio, Simona; genitori.
Simona/Claudio; sorella. Carlo/Giuseppina; marito. Ugo e Anna/Claudio; nonni.

8. Completa la tabella e poi ascolta e ripeti i numeri.

Chiavi: i numeri registrati sono: 24; 25; 26; 27; 28; 29; 30; 31; 32; 40; 41; 42; 50; 51; 52; 60; 61; 62; 70; 71; 72; 80; 81; 82; 90.

9. Scrivi i numeri che senti.

Chiavi: i numeri registrati sono: 31; 60; 54; 85; 99; 22; 26; 43; 77; 29; 70; 68.

10. Correggi gli errori dove necessario.

> Chiavi: 95 novantacinque; 44 quarantaquattro; 58 cinquantotto; 62 sessantadue.

Se ha tempo può far giocare una piccola tombola agli studenti, magari come inizio della lezione successiva con il suo gruppo. Faccia portare o porti lei in classe il materiale necessario per giocarci.

ABILITÀ

Prevedere

Il percorso si apre con una riflessione sull'importanza della immaginazione e qui espandiamo il concetto mettendo in pratica strategie legate alla previsione. Immaginare il contenuto di un testo, prima di leggerlo o ascoltarlo, ad esempio con l'aiuto delle figure, può favorire la comprensione. Così come quasi sempre avviene in questa sezione i suggerimenti tendono a costruire un percorso d'apprendimento su come si impara una lingua.
Sottolinei più volte questo punto e inviti gli studenti a ricordare questa tecnica per il futuro, perché possano applicarla anche quando non sono invitati a farlo dall'insegnante o dal libro.

1. Guarda la fotografia e rispondi alle domande.

Gli studenti devono immaginare le risposte, è quindi inutile anticiparle: dica loro che questo serve a creare la giusta aspettativa e ovviamente a facilitare la comprensione dell'attività seguente.

3. Ora ascolta la registrazione e controlla le tue risposte.

Se lo ritiene opportuno faccia ascoltare la registrazione più di una volta ed eventualmente inviti gli studenti a riflettere sulla correttezza delle loro supposizioni e sul ruolo che queste hanno avuto per una migliore comprensione. Se pensa che gli esempi della loro vita possano servire a rendere più chiaro il senso di quanto detto in questa sezione, li faccia riflettere su come si preparano a un esame o a un colloquio di lavoro, cercando cioè di prevedere le domande, con il risultato di aumentare oltre alle possibilità di azzeccare la domanda anche il proprio livello di sicurezza e tranquillità, fattori questi ultimi fondamentali per trovarsi nella condizione di un corretto apprendimento linguistico. Sono solitamente i filtri affettivi (mancanza di sicurezza, di autostima, di tranquillità, oppure la vergogna di ciò che si fa) a mandare in ansia lo studente e a compromettere il processo d'apprendimento.

Questa è la mia famiglia. Qui siamo nella nostra casa di montagna. Ha un giardino bellissimo. Siamo svizzeri, abitiamo a Zurigo. Io mi chiamo Patrizia. Ho 30 anni e sono insegnante di francese. Al momento però non lavoro perché i miei figli sono piccoli. Filippo ha 4 anni e Martina 7. Martina va già a scuola, Filippo invece va ancora all'asilo. Questo è mio marito. Bello vero? Si chiama Giorgio. Ha 35 anni; lavora in banca. Ah, questa signora anziana è mia suocera, la madre di Giorgio. Si chiama Camilla e ha 60 anni; non lavora. È in pensione da due anni.

LESSICO

1. Completa gli schemi con nomi relativi alla famiglia.

Sono varie le possibilità per completare questi schemi. Nel momento della correzione, faccia da filtro, non lasci che ci siano troppe parole nuove aggiunte rispetto a quelle già presentate. Quest'attività e quella seguente servono per riassumere quanto presentato fino a questo punto.

Può risultarle utile, soprattutto se i suoi studenti sono abituati a schemi diversi da questo, sottolineare come questo tipo di organizzazione a ragno, meno lineare e ordinata rispetto a quella più tradizionale dell'esercizio seguente, pare essere più congeniale all'emisfero destro del cervello, quello che secondo la neurolinguistica ha una percezione globale e simultanea del contesto, e non sequenziale e logica come quella dell'emisfero sinistro.

3. Abbina i disegni agli aggettivi del riquadro.

Chiavi: **1** grasso; **2** magro; **3** basso; **4** alto.

4. Abbina le figure ai nomi.

Chiavi: **1** diario; **2** matita; **3** temperamatite; **4** penna; **5** quaderno; **6** riga; **7** libro; **8** gomma; **9** banco.

attività supplementare

Partendo dal lessico degli oggetti scolastici nell'es.4, si può fare alla lavagna un rapido schema di quattro colonne, come quello sotto.

Si chieda di individuare quale tipo di strumento per scrivere manca nella serie di disegni: in effetti non è presente la penna a sfera.

Si invitino gli studenti a completare il cruciverba e nella colonna orizzontale comparirà il nome con cui è normalmente nota la penna a sfera, cioè BIRO.

Si può anche ricordare che il nome deriva da quello dell'ingegnere ungherese che inventò la penna a sfera e che, non avendola brevettata, morì in povertà mentre molte aziende si arricchivano con la sua invenzione...

		D	
	L	I	
I	R	A	G
B	I	R	O
R	G	I	M
O	A	O	M
		A	

8. Cosa dici al telefono?

Chiavi: A volte sono possibili varie risposte. **b.** Pronto, sono...; **c.** Posso parlare con..., per favore?/c'è...., per favore? **d.** Posso lasciare un messaggio, per favore? **e.** Come? Non sento bene. Puoi/può parlare più forte? **f.** Ciao/Arrivederci.

RIFLESSIONE GRAMMATICALE

1. Abbina gli articoli ai nomi.

Chiavi: **2** la creatività; **3** l'insegnante; **4** il padre; **5** la via; **6** lo studente; **7** l'acqua; **8** lo zio; **9** l'indirizzo; **10** la città; **11** lo psicologo; **12** l'aeroporto.

2. Metti al plurale i nomi dell'esercizio 1 e aggiungi l'articolo determinativo.

Chiavi: **2** le creatività; **3** gli insegnanti; **4** i padri; **5** le vie; **6** gli studenti; **7** le acque; **8** gli zii; **9** gli indirizzi; **10** le città; **11** gli psicologi; **12** gli aeroporti.

AUTOFORMAZIONE

Le sezioni di grammatica di **Rete!** sono da considerare come il punto d'arrivo di una riflessione sulla lingua che procede attraverso i post-it gialli, e altre sezioni nelle pagine precedenti dell'unità didattica. Il concetto di riflessione sulla lingua, diverso da quello di insegnamento della grammatica, è uno dei maggiori contributi della glottodidattica italiana, questo termine compare fin dagli anni Settanta. Riprendiamo dal Dizionario di glottodidattica (Guerra Edizioni 1999) la voce sulla riflessione sulla lingua.

Riflessione sulla lingua

L'attività di riflessione vede come soggetto l'allievo e come oggetto l'intero complesso della competenza comunicativa e si differenzia dunque profondamente dall'insegnamento della grammatica, che ha come soggetto l'insegnante e come oggetto più frequente la morfosintassi e le regole testuali (si tratta della tipica prospettiva dell'approccio formalistico, grammaticalistico). La contrapposizione tra riflessione sulla lingua e insegnamento della grammatica rimanda dunque alla dicotomia "deduttivo vs induttivo".
La riflessione sulla lingua, che porta la grammatica "implicita" a divenire "esplicita", costituisce una delle attività cardine che la scuola può praticare per contribuire all'autopromozione in quando rinforza processi cognitivi dello studente che, guidato dall'insegnante, deve creare delle rappresentazioni mentali del funzionamento della lingua — rappresentazioni che in classe prendono la forma di schemi aperti da riempire riflettendo, anziché degli schemi compiuti della tradizione formalistica.

3. Rispondi alle domande usando l'aggettivo possessivo.

Chiavi: **2** no, non è la sua macchina;
3 sì, sono i suoi quaderni;
4 no, non sono le sue penne.

4. Metti l'aggettivo possessivo e l'articolo determinativo dove necessario.

Chiavi: **2** I suoi genitori sono inglesi;
3 Tuo padre è molto giovane;
4 Il mio passaporto è sul tavolo;
5 Dov'è il tuo ufficio? Il mio ufficio è in Via Veneto;
6 I suoi nonni sono molto vecchi.

Riflettiamoci su

Nei due esercizi di questa pagina, così come in tutti quelli delle precedenti sezioni grammaticali, abbiamo la presenza di metalingua descrittiva della grammatica: "aggettivo possessivo", "articolo determinativo", e così via.
Gli studenti spesso non capiscono che avere la metalingua grammaticale non è un peso in più, una mania degli insegnanti, ma è uno strumento fondamentale: condividere i termini significa anzitutto condividere i concetti. Saper "aggettivo possessivo" significa possedere il concetto di aggettivo e, per opposizione, quello di pronome, visto che i possessivi appartengono a entrambe le categorie.
Discutere con gli studenti sulla necessità di una riflessione metalinguistica significa far riflettere anche sulle proprie strumentazioni concettuali e cognitive, e sulla necessità di categorizzazioni grammaticali, anche se ciò non significa cadere nel grammaticalismo fine a se stesso.

5. Metti l'aggettivo contrario.

Chiavi: **2** giovane; **3** grassi; **4** piccola; **5** difficile; **6** bassa.

Voi di cortesia.

Questa non è una vera regola, ma è un'impostazione di comodo per fare risaltare l'uso del *voi* come forma del plurale di cortesia. Agli studenti può essere detto e ripetuto che questo *voi* è lo stesso del *voi* per la forma colloquiale. In italiano, ma suona molto antiquato, a volte si trova la terza persona plurale *Loro* per la forma di cortesia al plurale.

6. Cambia le frasi usando il *Voi* di cortesia.

Chiavi: **2** Voi siete francesi? **3** Potete darmi il passaporto, per favore? **4** Voi lavorate all'università di Venezia? **5** Andate spesso a lavorare in macchina? **6** Scusate, avete una penna?

7. Completa le frasi con *potere* o *sapere*.

Chiavi: **2** sa; **3** può; **4** sanno; **5** posso; **6** so; **7** possiamo; **8** sai.

8. Invita o suggerisci.

Chiavi: **2** Anne, perché non andiamo a Napoli per Natale?
3 Perché non studiate la grammatica italiana?
4 Perché non cuciniamo qualcosa insieme a casa mia stasera?
5 Matteo e Andrea, perché non vedete l'ultimo film di Bertolucci stasera alla televisione?
6 Claire, perché non andiamo a sentire il concerto di Pavarotti a Modena?

CIVILTÀ

LA FAMIGLIA ITALIANA

Come succede spesso, è possibile iniziare questa sezione usando inizialmente le immagini come spunto per ricordare e/o imparare nuovo lessico. Ricordiamo anche che, compatibilmente con il tempo a disposizione, si possono sempre dividere gli studenti in gruppi e dare a ogni gruppo uno spidergram da riempire.

Inoltre tutte le attività di questa sezione si prestano alla discussione e al confronto interculturale.

Si può far notare agli studenti che l'espressione famiglia patriarcale è usata per definire le grandi famiglie, soprattutto del passato, in cui il capo indiscusso era l'esponente maschile più anziano.

Chiavi: **1** con c, **2** con a, **3** con d, **4** con e, **5** con b.

Progetto

Ascolta il tuo insegnante e...

1. Disegna il tuo albero genealogico a pagina 62 su un cartellone e portalo in classe.
2. Confronta il tuo albero genealogico con quello dei tuoi compagni.
3. Gioco: il Gioco dei ruoli: a turno scrivete un nome legato alla famiglia (padre, madre, nonno, ecc.) su un foglio, attaccate il foglio sulla schiena di un amico che deve indovinare chi è, facendo domande ai compagni.
   Vince chi indovina con meno domande.
4. Porta in classe delle foto dei tuoi nonni e genitori: trovi differenze tra la famiglia ai tempi dei nonni e quella di adesso?
5. Trova delle immagini di famiglie di altre culture e confrontale con le tue foto.

1. Conosci i nomi delle stanze? Prova a scriverli.

Cerchi di creare motivazione riguardo al tema. Potrebbe accennare alla tipologia di case presenti in Italia, anticipando qualche spunto di civiltà: la maggior parte degli italiani vivono in appartamenti di due stanze da letto, sala, cucina e bagno, spesso con cantina e garage. In Italia si vive soprattutto in città medio-piccole non molto distanti tra loro, l'Italia è altamente popolata.
Un vantaggio storico: l'Italia, paese povero, ha potuto in parte soddisfare il bisogno di case nuove sviluppando il modulo abitativo del condominio, pur mancando di spazio geografico. Uno svantaggio: gli appartamenti sono normalmente più piccoli delle case indipendenti.
Quest'attività di riscaldamento può essere fatta anche accettando che gli studenti rispondano nella propria madre lingua, se non ci sono studenti di vari paesi e lingue.

Chiavi: camera da letto; camera da letto; bagno; camera da letto; soggiorno, cucina.

2. E i nomi dei vari oggetti? Abbina le immagini alle parole del riquadro.

Chiavi: nel bagno: **1** water; **2** doccia; **3** lavandino; **4** bidè; **5** specchio.
Nel soggiorno: **6** divano; **7** poltrona; **8** quadro; **9** libreria.
Nella camera da letto: **10** finestra; **11** letto; **12** armadio; **13** lampadario.
Nella cucina: **14** frigorifero; **15** tavolo; **16** sedia; **17** cucina.

3. Ascolta la telefonata e rispondi alle domande.

Claudio: Pronto.
Anne: Pronto Claudio. Sono Anne.
Claudio: Ciao Anne, come stai?
Anne: Benissimo! Sai che abito con una famiglia simpaticissima, hanno una bella casa e io ho una stanza tutta per me!
Claudio: Che bello! È una casa o un appartamento?
Anne: È un appartamento grande, su due piani?
Claudio: E dov'è?
Anne: È qui a Perugia, in centro. Ho anche il telefono. Scrivi il mio numero!
Claudio: Sono pronto.
Anne: 075 23, 82, 5, 6, 7.
Claudio: Ripeto: 075 23, 82, 5, 6, 7.
Anne: Esatto. L'unico problema è che il 10 marzo viene un altro studente e io...
Claudio: In marzo? E perché ti preoccupi? Siamo all'inizio di febbraio. Manca ancora più di un mese...
Anne: Quando vieni a vedere la casa?
Claudio: Non lo so. Ti chiamo domani. Va bene?
Anne: Sì, perfetto. Ciao.
Claudio: Ciao, Anne.

Controlli le risposte aperte di quest'attività con la classe e le verifichi ma solo dal punto di vista della comprensione dell'ascolto.

4. Leggi la prima parte dell'e-mail di Anne e completa la piantina del suo appartamento.

Indichi agli studenti di scrivere il nome delle stanze o più semplicemente di mettere l'iniziale di ogni stanza sulla piantina: C per cucina, CA per camera, ecc.; non devono disegnare gli ambienti.

5. Leggi la seconda parte dell'e-mail di Anne.

Chiavi: quella giusta è la 2.

6. Com'è la vostra casa?

In quest'attività gli studenti dovrebbero spiegare com'è la propria casa e quando descrivono la propria stanza da letto devono essere stimolati a non leggere quanto scritto nell'attività 6.

7. Ascolta la descrizione del soggiorno di Beatrice e scrivi il nome dei mobili.

Ecco vedi, il mio soggiorno è abbastanza grande. A destra della porta d'ingresso ci sono il tavolo, che è quadrato, e quattro sedie. Sul tavolo ho alcuni soprammobili, sono delle sculture africane. Di fronte al tavolo c'è un mobile alto che contiene molti libri; eh giusto, è una libreria. La parete tra il tavolo e la libreria ha una grossa finestra con la porta del balcone. Di fianco alla libreria c'è la porta del corridoio e poi c'è un divano piccolo e vicino al divano piccolo, nella parte di fronte al balcone c'è un altro divano più grande. Ah, dimenticavo la televisione. È a sinistra della porta d'ingresso, di fronte al divano piccolo. Ah, c'è anche...

8. Ascolta nuovamente la descrizione del soggiorno di Beatrice e disegna gli oggetti sulla piantina.

Se qualche studente si sente particolarmente in difficoltà nel disegnare, può scrivere i nomi degli oggetti. Spieghi, però, che visualizzare l'immagine permette di ricordare meglio il vocabolo. Per dare maggior valore a quest'impostazione alla fine inviti gli studenti a scrivere il nome dell'oggetto dentro (e non sopra, sotto o a lato) l'oggetto stesso.

9. Confronta con un compagno la tua piantina e poi ascolta nuovamente la descrizione che fa Beatrice.

Interrompa la cassetta dopo ogni elemento, in modo tale da non dover ripetere ancora una volta l'ascolto. Faccia un controllo di classe rapido, altrimenti può insorgere una certa stanchezza, avendo queste attività tutte più o meno lo stesso tema!

10. Lavora con un compagno.

Se è possibile con la sua classe, cerchi di rendere quest'attività una piccola gara, assegnando un punteggio, penalità, premi...

11. Ascolta e ripeti i nomi dei mesi.

La grammatica che **Rete!** propone è essenziale. Agli studenti a questo livello occorre saper esprimere i concetti e, dato che l'obiettivo è prima di tutto comunicativo, l'insegnante non deve preoccuparsi se "in estate" si può anche dire "d'estate".
A volte gli insegnanti temono che se gli studenti scoprono che ci sono vari modi di esprimere lo stesso concetto, possano pensare che l'insegnante non sia sufficientemente autorevole o che il metodo seguito sia sbagliato. È opportuno fin dagli inizi far capire loro la differenza sostanziale tra grammatica descrittiva (che tradizionalmente porta a presentare tutto quanto riguarda un determinato elemento linguistico) e grammatica pedagogica o comunicativa o come l'abbiamo definita qui essenziale.
Per evitare di incorrere in questo problema agli studenti si può dire che in seguito si troveranno altri aspetti che saranno meglio gestibili grazie al livello più alto raggiunto e che le semplificazioni servono per favorire gli aspetti comunicativi. Quanto detto per la grammatica vale anche per il lessico e altri sillabi. Attenzione sempre a non sovraccaricare gli studenti con un input troppo alto.

12. Ascolta e cerchia quello che senti.

1. *Il mio compleanno è il 2 marzo.*
2. *La partenza per Roma è il 4 febbraio.*
3. *Ho un appuntamento con il dottore il 13 giugno.*
4. *Santa Lucia è il 13 dicembre.*
5. *Ferragosto è il 15 agosto.*

Chiavi: **1** = 2 marzo; **2** = 4 febbraio; **3** = 13 giugno; **4** = 13 dicembre; **5** = 15 agosto.

13. Adesso prova a scrivere le date in lettere.

Chiavi: **2** quindici aprile; **3** ventinove gennaio; **4** ventisei settembre; **5** sedici ottobre,
6 quindici dicembre; **7** sei maggio; **8** dodici giugno; **9** due agosto; **10** primo luglio.

14. Lavora con due compagni.

Spieghi come si dicono le date in italiano.
Se lo ritiene opportuno può anticipare qui la spiegazione delle date che comunque vengono riprese nella prossima unità.
Può scrivere la data alla lavagna e continuare a utilizzare questo sistema all'inizio delle prossime lezioni.
La data richiede l'articolo determinativo IL, il numero cardinale (due, tre, ecc.), tranne che per il primo (giorno) del mese (faccia l'esempio della festa dei lavoratori: il primo di maggio). La preposizione DI prima del mese solitamente non è utilizzata (Compio gli anni il 16 [di] ottobre).

Le date si scrivono normalmente in due modi: 2/8/2005 (o 2/8/05), oppure 2 agosto 2005.

Si può anche far notare che nelle feste di compleanno si usa cantare in inglese
Happy birthday to you, oppure si può usare la traduzione italiana:
Tanti auguri a te
Tanti auguri a te
Tanti auguri ... [nome]...
Tanti auguri a te.

LESSICO

1. Osserva i disegni.

Dica agli studenti che quest'attività come altre di questa sezione servono per sistematizzare, riordinare quanto visto in quest'unità fino a questo punto.

2. Osserva i disegni degli elettrodomestici. C'è un errore. Correggilo.

Chiavi: stereo e forno sono invertiti.

3. Abbina le parti del gelato ai colori.

Chiavi: 2 arancione; 3 giallo; 4 verde; 5 blu; 6 viola.

4. Osserva gli altri colori. Abbinali ai relativi nomi nel riquadro.

Chiavi: nero marrone rosa
bianco blu grigio

6. Insieme a un compagno, a turno chiedete di che colore sono i mobili della vostra camera da letto.

Spesso gli studenti ritengono che questi esercizi siano "inutili", ma bisogna portarli a riflettere che proprio mentre parlano di contenuti che per loro non rappresentano difficoltà (ciascuno sa come è la propria camera da letto!) è possibile cercare di parlare con fluidità e scioltezza, reimpiegando quanto si è appreso finora.

ABILITÀ

Prevedere 2

AUTOFORMAZIONE
Prosegue qui la riflessione iniziata nel percorso 4 sulla strategia basta sulla *expectancy grammar*. Ricordiamo che essa rappresenta un meccanismo essenziale per il processo di comprensione e consiste nel predire ciò che può comparire in un testo operando sulla base della situazione, della parte di testo che si è già compresa, del paratesto, delle conoscenze del mondo ecc.
In tal modo si facilita la comprensione trasformandola, in realtà, solo nella conferma di una tra le previsioni effettuate.
L'anticipazione è stimolata con le attività di elicitazione e si rafforza con tecniche come il cloze, il dettato e gli incastri di vario tipo (di parole che creano una frase, di spezzoni di frase, di frammenti di un testo come nel primo esercizio alla pagina seguente, ecc.).

1. Leggi i titoli. Scrivi alcune frasi sui possibili contenuti degli articoli.

Torni a sottolineare l'importanza della strategia di previsione.

2. Ora, a coppie confrontate le vostre idee.

Inviti gli studenti a parlare e motivare le proprie idee, ma a questo livello non si preoccupi se molti di loro riporteranno quanto scritto per l'attività 1. Cerchi solamente di scoraggiare la lettura delle frasi che hanno scritto.

3. Leggi l'articolo e metti in ordine i paragrafi.

Chiavi: e; b; a; d; c.

RIFLESSIONE GRAMMATICALE

1. Metti l'articolo determinativo o indeterminativo.

Chiavi: **2** la; **3** la; **4** un; **5** la; **6** l'; un; **7** l'; un; **8** un; **9** il, il; **10** una.

PERCORSO 5
LA CASA

2. Metti la preposizione articolata.

Chiavi: **1** nell'armadio; **2** nel negozio; **3** sull'autobus; **4** dal giornalaio; **5** nella camera da letto; **6** alla stazione; **7** sulla finestra; **8** della bambina; **9** degli insegnanti; **10** nell'appartamento.

3. Rispondi alle domande. Usa le preposizioni articolate dove necessario.

Chiavi: **2** della sorella di Peppi; **3** dagli Stati Uniti, da New York; **4** nel centro di Milano; **5** sul letto; **6** dell'idraulico della Ditta "Subito da te"!

4. Scegli l'indicazione di luogo corretta.

Chiavi: **1** c; **2** a; **3** b; **4** c.

5. Fa' le domande.

Chiavi: varie risposte possibili.

6. Trasforma le frasi con da o a casa di.

Chiavi: **2** in questo momento Lino è da Giovanna; **3** tutti gli anni in settembre vado dai miei zii; **4** per Natale sono a pranzo a casa di mia nonna.

7. Completa con le preposizioni (articolate e non).

Chiavi: **2** da, dell'; **3** in, a, a, di, per; **4** di; **5** a, della; **6** di, del, di; **7** di, da; **8** nella, al.

PERCORSO 6
LA VITA QUOTIDIANA

1. Abbina le azioni del riquadro alle figure.

A libri chiusi chieda agli studenti a che ora si svegliano, fanno colazione, vanno a letto. Lo faccia senza far loro capire che si sta per collegare a una nuova unità del libro. Non spieghi il significato delle espressioni che usa. Poi faccia eseguire l'esercizio individualmente.

> Chiavi: **2** alzarsi; **3** lavarsi; **4** fare colazione; **5** studiare; **6** pranzare; **7** finire di studiare; **8** fare la doccia; **9** cenare; **10** guardare la tv; **11** andare a letto.

2. Ascolta la descrizione di una tipica giornata di Giorgio...

Mi chiamo Giorgio, ho 13 anni e vado a scuola. Frequento la terza media. Vado a scuola dal lunedì al sabato, dalle 8 all'1. Il giovedì pomeriggio devo tornare a scuola dalle 2 alle 5 perché nella mia scuola si studiano due lingue straniere e ci sono molte ore di lezione. Abitiamo vicino alla scuola e posso andarci a piedi. Vivo con il papà, la mamma e mia sorella. Dal lunedì al sabato ci svegliamo alle 7 meno un quarto, ma poi ci alziamo alle 7... Ci piace molto rimanere a letto per cominciare la giornata dolcemente. Poi mi lavo e mi vesto verso le 7 e 10. Facciamo colazione tutti insieme alle 7 e 20, anche con il papà e Serena, la mia sorellina. Alle 8 meno 20 usciamo. La mamma accompagna Serena a scuola in macchina e poi va a lavorare. Il papà, invece, rimane a casa fino alle 8 e mezza. Alle 8 cominciano le lezioni. All'1 finisco e torno a casa. Pranziamo all'una e mezza circa, con Serena e la mamma. Dopo mi riposo un po' e alle 3 comincio a fare i compiti. Il giovedì pomeriggio, invece, rimango a pranzo nella mensa della scuola. Di solito non finisco mai di fare i compiti prima delle 4 e mezza. Poi esco con i miei amici; il martedì e il venerdì alle 5 del pomeriggio ho l'allenamento di calcio. Alle 7 torno a casa, faccio la doccia e ceniamo verso le 8. Dopo cena, verso le 8 e mezza, guardiamo un po' la tv o chiacchieriamo. Quasi sempre se non c'è niente di interessante alla tv, io vado nella mia camera a leggere, mi piace molto leggere, ascoltare la musica o a giocare con il computer. Verso le 10... beh, spesso anche più tardi, ma senza dirlo alla mamma, vado a letto.

> Chiavi: **1** falso; **2** falso; **3** falso; **4** falso; **5** vero; **6** falso; **7** vero; **8** vero.

Alla scoperta della lingua

3. Ascolta nuovamente...

Dedichi abbastanza tempo alla scoperta di questo punto della lingua. Solitamente non risulta complesso e può servire per abituare gli studenti a dare il giusto rilievo a queste sezioni induttive.
Se è necessario intervenga per chiarire alcuni dubbi. Ma non spieghi, non dia la regola, magari scrivendola sulla lavagna!
Questa parte dell'unità presenta tutta una serie di attività induttive che possono costituire un'occasione, per lei e i suoi studenti, per mettere in pratica alcuni presupposti metodologici che stanno alla base di Rete!. Alla fine, prima di cominciare la sezione del lessico, dedichi un po' di tempo a chiarire agli studenti il percorso e l'utilità ai fini dell'apprendimento di un approccio induttivo, attraverso il quale sono gli studenti a scoprire la lingua in modo attivo. Usi, se crede, la metafora del bicchiere che viene colmato "passivamente". Gli studenti devono partecipare attivamente, essendo al centro del processo di apprendimento e insegnamento, non attendere che qualcuno dia loro le regole che poi applicheranno. È con l'agire, il fare che si impara.

> Chiavi: 3.10 = tre e dieci.
>   6.40 = sette meno venti.
>   2.15 = due e un quarto.
>   5.30 = cinque e mezza. (O mezzo)
>   10.45 = undici meno un quarto.

4. Guarda il tabellone delle partenze degli aerei e completa gli spazi. Scrivi gli orari in lettere.

Chiavi: **4** sette e dieci; **5** dodici; **6** una e venticinque; **9** dieci meno dieci; **10** undici meno cinque; **11** due e quaranta.

5. Scrivi gli orari che senti.

Faccia ascoltare la registrazione un paio di volte, dicendo di concentrarsi sugli orari.

Chiavi e trascrizione: 1 *La lezione comincia alle tre e un quarto.*
2 *Prendo l'autobus alle otto meno venti.*
3 *Mi alzo alle sei e venticinque.*
4 *Arrivano alle due.*
5 *L'appuntamento è alle undici e mezza.*
6 *Esco alle dieci e cinque.*
7 *Ci vediamo alle quattro e dieci.*
8 *Andiamo a dormire a mezzanotte.*
9 *Pranziamo a mezzogiorno.*
10 *Il treno parte alle nove meno un quarto.*

6. Insieme a un compagno guarda gli orologi. Poi a turno chiedete e dite che ore sono.

Lasci che gli studenti a coppie scoprano la regola, anche attraverso l'uso della propria lingua madre.

Questa indicazione riguarda l'attività alla pagina seguente.

10. A coppie, a turno fate delle domande per scoprire com'è una tipica giornata del vostro compagno.

Li faccia giocare, se questo funziona con la sua classe...

Attività supplementare
Proviamo a fare un'interessante scoperta interculturale: il modo in cui i giorni sono dedicati agli astri o agli dei.
In italiano il nome del dio o della Luna è seguito da dì, dal latino *dies*, così come in inglese è seguito da *day* o in tedesco da *tag*.
In lingue come il catalano, invece, dì viene prima del nome del dio.
Ci sono anche delle interessanti corrispondenze tra le varie lingue: il giorno della "luna" è tale anche per il mondo germanico e anglosassone, così pure quello dedicato al capo degli dei, Giove nel mondo latino e Thor in quello nordico.
Interessante anche notare che i giorni di Saturno e del Sole sono rimasti dedicati agli dei in inglese, *Saturday* e *Sunday*, mentre nelle lingue latine sono stati nominati a partire dal shabbat ebraico e da *dominus*, cioè "signore" in latino.
C'è poi il portoghese, lingua in cui seguendo l'indicazione religiosa di evitare nomi di dei pagani (martedì, giovedì, venerdì) si sono adottati nomi "neutri" *segunda-feira*, ecc.
Giocando su queste nozioni si possono fare interessanti confronti interculturali con le classi composte da studenti di più nazionalità. Spieghi queste cose ai suoi studenti e poi distribuisca, se lo ritiene utile, la fotocopia della scheda presentata nella prossima pagina.

Scrivi qui, nelle altre lingue che conosci, i giorni della settimana e ragiona insieme ai tuoi compagni su quante cose in comune si nascondono dietro lingue diverse...

Lunedì
_____

Martedì
_____

Mercoledì
_____

Giovedì
_____

Venerdì
_____

Sabato
_____

Domenica
_____

11. Ti ricordi Giorgio?

Quest'attività va fatta individualmente per permettere agli studenti di avere uno spazio di riflessione per raccordarsi con quanto visto all'inizio dell'unità, prima di introdurre altri elementi già in parte presentati nell'intervista dell'attività 2.

> Chiavi: varie domande possibili.
> **2** A che ora vi svegliate? **3** Fate colazione a casa? **4** Come andate a scuola? **5** Che lavoro fa la tua mamma? È casalinga? **6** Com'è la scuola? **7** Vai a scuola la domenica? **8** Quando ci sono le lezioni?

12. Metti in ordine gli avverbi di frequenza.

> Chiavi: quasi sempre; di solito; spesso; a volte; raramente; quasi mai.

Se lo ritiene necessario faccia alcuni esempi alla lavagna e oralmente con tutta la classe sull'uso di "mai" e sulla posizione degli avverbi di frequenza. Forse sarà necessario avvertire che in realtà in italiano la posizione degli avverbi di frequenza è piuttosto variabile, ma che occorre un ottimo orecchio e soprattutto un orecchio molto educato all'italiano per rendersi conto della correttezza dell'uso di queste determinazioni di tempo. In mancanza di questo supporto, a questi livelli di conoscenza linguistica, inviti gli studenti ad attenersi all'indicazione del post-it giallo.

13. Ora in gruppi di tre, a turno intervistate i vostri compagni e completate la tabella.

Per cercare di creare più motivazione e maggior comunicazione, inviti gli studenti a prendere nota e a cercare di scoprire "stranezze" nelle abitudini dei compagni.

LESSICO

1. Osserva i disegni.

Chieda agli studenti di osservare attentamente i disegni e le scritte e di aggiungere un lavoro di casa. Non è importante che lo trovino e che ne imparino altri, ma piuttosto che abbiano tempo e modo di rileggere più volte la lista, per cercare di memorizzarla. Lei potrebbe aggiungere: spolverare, o andare a far spesa, ecc.

2. Ascolta due giovani italiani che parlano dei lavori di casa. Completa la tabella.

1 Maurizio
Allora, cucinare... sì cucino spesso, soprattutto quando mia moglie non c'è. Pulire in casa, lo faccio a volte, quando sono in vacanza. Fare il letto. Sì, quasi sempre, ma non riordino quasi mai. Stiro raramente, però di solito lavo i piatti di sera.

2 Franco
Dunque, io in casa non faccio niente o quasi. Non stiro mai e non lavo quasi mai i piatti. Ah, ecco: faccio spesso il letto, perché mi piace senza pieghe.

Comprensione globale

Questa tecnica consiste nel leggere velocemente o ascoltare un testo per comprendere l'idea principale, senza cercare di capire tutte le informazioni.
È un altro spazio molto importante per l'educazione linguistica degli studenti e quindi per insegnare a imparare una lingua. Molti studenti vogliono sapere tutto, conoscere tutte le parole nuove, ma così non si impara a leggere o ascoltare! È necessario affinare altre tecniche che risultano complementari a quella della comprensione di tutto il testo. Se è difficile per qualche studente capire questo concetto, chieda se quando legge nella sua madre lingua o quando ascolta un insegnante che parla nella sua madre lingua, fa attenzione a tutto e se lo scopo è capire ogni singola informazione o parola.

1. Abbina le informazioni sui film ai riassunti. Hai 2 minuti di tempo.

Chiavi: a con 3; b con 1; c con 2.

Alla fine delle tre attività gli studenti possono parlare delle loro preferenze cinematografiche e si possono fornire alcune definizioni dei principali generi cinematografici: film d'amore, sentimentali, drammatici, d'avventura, di fantascienza, polizieschi, gialli, dell'orrore, di guerra, ecc.

RIFLESSIONE GRAMMATICALE

1. Forma delle frasi.

Chiavi: 2 Mia moglie e io ci svegliamo alle 7.
3 Come vi chiamate?
4 I gatti si lavano spesso.

2. Trova l'errore e correggilo.

Chiavi: 1 Come si chiama il tuo cane?
2 A che ora vi alzate tu e tuo fratello?
3 Io mi lavo sempre prima di andare a letto.

3. Completa le frasi con il possessivo.

Chiavi: 2 nostri; 3 miei; 4 loro; 5 tuo; 6 vostre/mie, mie/vostre; 7 loro; 8 mia.

PERCORSO 6
LA VITA QUOTIDIANA

4. Metti l'aggettivo dimostrativo.

Chiavi:		
il giornale	questo	quel
l'infermiera	questa	quell'
l'esercizio	quest'	quell'
il film	questo	quel
la parola	questa	quella
l'uomo	quest'	quell'
il paese	questo	quel
la stanza	questa	quella
l'anno	quest'	quell'

5. Metti l'articolo determinativo e l'aggettivo dimostrativo.

Chiavi:		
i giardini	questi	quei
i giornali	questi	quei
le infermiere	queste	quelle
gli esercizi	questi	quegli
i film	questi	quei
le parole	queste	quelle
gli uomini	questi	quegli
i paesi	questi	quei
le stanze	queste	quelle
gli anni	questi	quegli

6. Guarda le figure e completa le nuvolette.

Chiavi: Questa è la mia ragazza.
Lucia, sai chi è questo ragazzo?
Di chi è quel banco? È di Simona.
Di chi è questo libro?

7. Invita un amico.

Chiavi: 1 Perché non andiamo in città?
2 Perché non andiamo a scuola?
3 Perché non andiamo al ristorante?
4 Perché non andiamo al bar?
5 Perché non andiamo a casa?
6 Perché non andiamo a teatro?
7 Perché non andiamo in discoteca?

LE DATE

Se l'ha già fatto nel percorso precedente, eviti di rispiegare questo punto e si limiti a utilizzarlo, magari riprovando qualche data con domande come: Quando ti sei sposata? Quando compie gli anni tuo marito/ madre/ il tuo fidanzato/ecc.? Quando finisce il corso?

Poi semplicemente chieda quanti ne abbiamo oggi e scriva la data su un lato della lavagna, seguendo la spiegazione sotto.

Altrimenti se non ha ancora presentato la data, ecco una breve spiegazione di questo punto.

La data richiede l'articolo determinativo IL, il numero cardinale (due, tre, ecc.), tranne che per il primo (faccia l'esempio della festa dei lavoratori: il primo di maggio). La preposizione DI prima del mese solitamente non è utilizzata (Compio gli anni il 16 [di] ottobre).
Le date si scrivono normalmente in due modi: 2/8/2005 (o 2/8/05), oppure 2 agosto 2005.

Chiavi
1 Le banche sono aperte dalle 8,30 alle 13,30 e il pomeriggio delle 14,30 alle 15,30. In realtà non tutte seguono questo orario ma indicativamente gli orari sono compresi tra le 8 e le 13.30 e al pomeriggio un'ora di apertura tra le 14,30 e le 16,00.
2 No. Anche se sempre più in molte città ci sono varie domeniche durante l'anno di apertura.
3 Il lunedì.
4 No, hanno un giorno di chiusura che varia.
5 Gli uffici postali sono aperti la mattina dal lunedì al sabato dalle 8.30 alle 13.30, il pomeriggio dal lunedì al venerdì dalle 15 alle 17. Il sabato mattina dalle 8.30 alle 12.30.

Le chiavi che sono state date sopra sono in realtà destinate a una continua modifica, a seguito della generale tendenza in atto in tutta Europa verso la cosiddetta deregulation. Infatti, sempre più spesso i commercianti e i vari tipi di servizi hanno la possibilità di tenere aperto anche a orari non indicati nelle chiavi.
Ad esempio, grazie a una recente legge, anche gli uffici pubblici, comunali, statali ecc. devono garantire l'apertura al pomeriggio, almeno alcuni giorni la settimana.
Ancora una volta, tenersi aggiornati sull'evoluzione della società italiana risulta necessario per poter dare informazioni corrette agli studenti.

E nel tuo paese quali sono gli orari...
Per la seconda attività si propone un lavoro di gruppo, gli studenti possono essere divisi per gruppi di nazionalità oppure ogni gruppo sceglie una categoria di servizi pubblici e si passa poi ai confronti con gli orari italiani.

Se può, arrivi in classe con un sacchetto di caramelle di vari colori e le offra agli studenti. Oppure riviste o giornali italiani diversi. Faccia la domanda a ogni studente: "Quale giornale/caramella vorresti?" Probabilmente la risposta sarà: "Questo". Oppure "La caramella verde". Accetti la risposta che così è molto naturale. Ma a ogni studente rifaccia la domanda: "E tu quale vorresti?". E se vede che ci può stare dica a volte: "Vorrei questo/a." Senza però soffermarsi a spiegare la forma "Vorrei"; eviti eventuali richieste di spiegazioni. Poi, sempre a libri chiusi, prima di iniziare la lezione racconti agli studenti qualcosa di sé: sull'ultima volta che ha mangiato in un ristorante o una cena italiana che ha organizzato o qualche episodio simpatico che può esserle capitato con il cibo italiano. Oppure inventi una storia sottolineando una differenza tra il paese degli studenti e l'Italia, ad esempio: in molti paesi non si mangia la carne di cavallo e tanto meno cruda, macinata con un po' d'olio, sale e limone come si fa in varie zone d'Italia.

Lo scopo è farli ascoltare e cercare di creare motivazione su un tema che presenta molti stimoli e può essere efficacemente arricchito dall'esperienza personale degli studenti.

1. Mancano dei prodotti?

Non ne mancano. È voluntamente ambiguo per far concentrare maggiormente gli studenti.

2. Ora completa la tabella con alcuni prodotti.

Prima di cominciare chieda agli studenti come si comprano alcuni prodotti: ad esempio lo zucchero, l'olio, le sigarette. E chieda se conoscono altri contenitori o unità di misura, oltre a quelli indicati nella tabella sotto.

Un chilo di	Un litro di	Una bottiglia di	Una scatola di	Un pacco di
zucchero carne patate pane formaggio burro mele pere pomodori cipolle farina	latte vino olio	birra olio vino aceto	pomodori sale	sale zucchero

3. Ascolta il dialogo e, leggendo il testo, trova le differenze.

Se desidera usare il dialogo prima come ascolto, senza leggere il testo, faccia chiudere i libri e dica agli studenti di ascoltare la registrazione per rispondere alle seguenti domande:
1 Chi sono i due personaggi?
2 Cosa deve fare Pietro?
3 Di che cosa si interessa soprattutto Pietro?
Riguardo al post-it giallo, dica che è molto più frequente sentire "etto" e "etti" e non "100 grammi".

Claudio: Oggi devo andare io a fare la spesa, vero?
Mamma: Sì, tocca a te.
Claudio: Di cosa abbiamo bisogno?
Mamma: Non c'è quasi niente in casa.
Claudio: È vero il frigo è quasi vuoto. Allora: vino, uova, yogurt, formaggio... no, il formaggio c'è.

Mamma: Uh, che bravo! Stai diventando un uomo! Compra anche mezzo chilo di carne di maiale per fare delle braciole... E un pollo. Ah, anche uno o due etti di prosciutto e un melone.
Claudio: Nient'altro?... Io vorrei un po' di gelato alla crema.
Mamma: D'accordo e se viene qualche tuo amico di scuola?... Compra anche qualcosa da bere, se avete sete... Non so, una bottiglia di coca cola. Ah, ci vogliono anche due scatole di tonno e tre di piselli.
Claudio: Posso andare adesso?
Mamma: Sì, ma non dimenticare il giornale per il papà!
Claudio: Ciao. Ah, e i soldi? Di quanti soldi ho bisogno?
Mamma: Tieni. Ecco 100 euro!

4. Al ristorante! Completa il menu del Ristorante La Torre.

A libri chiusi chieda agli studenti se hanno mai mangiato in un ristorante italiano, in caso affermativo, li faccia parlare del menu del ristorante. Oppure se non hanno mai mangiato in un ristorante italiano o pizzeria, chieda loro che piatti pensano di trovare.
A libri aperti gli studenti fanno l'attività 4. Come controllo con tutta la classe, cerchi di far indovinare gli ingredienti dei piatti agli studenti. Non esageri con le domande se vede che non sanno nulla di cucina!
Antipasti: prosciutto e melone, antipasto di pesce, salumi misti.
Primi piatti: zuppa di verdure, pasta e fagioli, spaghetti al ragù, penne all'arrabbiata, lasagne.
Secondi piatti: carne alla griglia, salsiccia ai ferri, arrosto di maiale, pollo ai funghi, fritto misto di pesce, merluzzo con cipolle.
Contorni: insalata mista, spinaci, patate fritte, patate arrosto, zucchini, melanzane e peperoni alla griglia, carciofi alla diavola, piselli lessi.
Dolci: gelato della casa, torta di frutta fresca, mousse di cioccolato.
Bevande: vini rossi e bianchi italiani, birra, acqua minerale, bibite gasate, caffè, tè.

5. Ascolta la conversazione...

Prima di far ascoltare la conversazione chieda a ogni singolo studente di pensare per un momento a cosa ordinerebbe dal menu e inviti poi tutti a verificare se le proprie idee coincidono con quelle di Claudio e Anne.

6. Ora leggi e riordina prima la parte A.

CONVERSAZIONE A:
Anne: Che profumo! E che fame ho! Claudio, ma è un vero ristorante!
Claudio: Certo, cosa pensavi?
Anne: Non so... una pizzeria, una paninoteca...
Claudio: È il tuo primo ristorante italiano e... domani è il tuo compleanno!
Anne: E come lo sai?
Claudio: Dopo te lo dico. Ecco il cameriere.
Cameriere: Buonasera. Siete in due?
Claudio: Buonasera. Sì, c'è un tavolo libero?
Cameriere: Sì, di fianco a quella pianta... Prego, se volete, potete sedervi, il menù è sul tavolo.

CONVERSAZIONE B:
Anne: Claudio, mi vergogno! Ci sono solo persone grandi qui!
Claudio: Hai fame o no?
Anne: Certo, una fame da lupo.

PERCORSO 7
IL CIBO, AL RISTORANTE
Rete! JUNIOR

PAGINA **53**

Claudio: *Cosa vorresti mangiare?*
Anne: *Vorrei un antipasto e un primo.*
Claudio: *E da bere? Cosa vuoi?*
Anne: *Vorrei dell'acqua minerale.*
Cameriere: *Scusate, di chi sono queste chiavi? Sono vostre?*
Anne: *Ah, sono mie, grazie.*
Cameriere: *Volete ordinare?*
Claudio: *Sì, allora, per me un piatto di risotto ai funghi e della carne alla griglia.*
Cameriere: *E di contorno?*
Claudio: *Vorrei dell'insalata mista.*
Cameriere: *E tu, cosa vorresti mangiare?*
Anne: *Un antipasto di mare e un piatto di penne all'arrabbiata.*
Cameriere: *E da bere?*
Anne: *Acqua minerale per me, per favore.*
Claudio: *Per me una coca cola, per favore.*

CONVERSAZIONE C:
Anne: *Le mie penne erano buonissime.*
Claudio: *Cameriere, il conto per favore.*
Cameriere: *Volete un dolce, un po' di frutta?*
Anne: *Per me del gelato al cioccolato. Vorresti un dolce anche tu?*
Claudio: *Per me un gelato al cioccolato e alla crema, per favore.*

> Non si sa quanta carne ordina. Non dedichi però tempo a spiegare qui questo punto. Ci potrà tornare su più avanti. Per il momento sono gli studenti che devono scoprire il partitivo DEL, etc.

> Sottolinei che la domanda corretta è Di chi è...?

8. Lavora con due compagni...

In classi deboli permetta di dare ancora un'occhiata al testo della conversazione. Ma se può inviti (e calorosamente!) gli studenti a non leggere e a cercare di riprodurre il dialogo. È invece possibile concedere loro un paio di minuti perché rileggano il testo prima di farli lavorare a gruppi.

LESSICO

1. Quante cose da mangiare conosci...

Lasci che gli studenti lavorino da soli, li incoraggi a sondare le proprie conoscenze al di là del lessico del percorso e del testo Rete! fino a questo momento. Ad esempio è probabile che avendo mangiato una pizza, conoscano la parola "mozzarella" o "origano" (scritto o meno all'italiana!).

2. Sei un bravo cuoco o una brava cuoca?

Permetta l'uso del dizionario o aiuti gli studenti con il lessico.
Se si accorge di avere in classe molti studenti che non hanno idea di cosa significhi cucinare, cerchi di dare all'attività un carattere ironico, dicendo agli studenti che poi controllerete se gli ingredienti che avranno scelto renderanno il piatto commestibile, appetibile o disgustoso.

3. Ora, a coppie parlate degli ingredienti...

Dica agli studenti di parlare degli ingredienti non di come si fanno i piatti. Sempre in chiave scherzosa se uno non sa cucinare. In casi estremi quest'attività la faccia con tutta la classe e non a coppie.

PERCORSO 7
IL CIBO, AL RISTORANTE
Rete! JUNIOR

ABILITÀ

1. La mamma di Claudio...

Lo scopo di questa attività non è far capire tutto, anzi! Si sono usati, quindi, testi piuttosto difficili che non vanno spiegati da un punto di vista lessicale o grammaticale. Solamente quelle che risultano essere parole chiave dovranno essere chiarite, ma solo dopo la lettura, non prima.

Chiavi: antipasto alla crema di latte.

RIFLESSIONE METOLOGICA

Questa strategia di comprensione è fondamentale per la vita: nelle occasioni in cui dovranno usare l'italiano gli studenti non avranno lei o un altro italiano a dare suggerimenti, ad aiutare: dovranno arrangiarsi con quello che sanno. E non si sa mai abbastanza da cogliere tutte le parole!
È quindi indispensabile che gli studenti si rendano conto che la comprensione globale è l'unica via normale di uso della lingua: si capisce quel che si può e con quel poco si deve fare tutto, e fare tesoro di quel poco significa allenare il language acquisition device ipotizzato da Chomsky ad attivarsi comunque.
Lo stimolo ad "arrangiarsi" nel comprendere quanto più si può basandosi su testi abbastanza difficili è una costante di Rete! e quindi questa strategia va continuamente sostenuta.

2. Ora leggi la lista...

Chiavi: 1 con b; 2 con c; 3 con a.

RIFLESSIONE GRAMMATICALE

1. Cosa dici in questi casi?

Chiavi: 2 Vorrei un chilo di carne di manzo, per favore.
3 Vorrei una pizza margherita, per favore.
4 Cosa vorreste mangiare?
5 Vorresti venire al cinema con me?
6 Vorremmo un caffè e un tè.

2. Metti gli articoli e il plurale dei nomi.

Chiavi:			
l'abilità	le abilità	lo psicologo	gli psicologi
il re	i re	l'idraulico	gli idraulici
il bacio	i baci	il computer	i computer
il bidè	i bidè	il problema	i problemi
la foto	le foto	il negozio	i negozi
lo zio	gli zii		

3. Completa le frasi con i nomi del riquadro.

Chiavi: 2 orologi, 3 moto, 4 indirizzi, 5 lezioni, 6 film, 7 università ,8 uffici

PERCORSO 7
IL CIBO, AL RISTORANTE Rete! JUNIOR

4. Osserva la figura per due minuti, poi scrivi quello che ricordi.

Dia lei il tempo necessario e poi li lasci lavorare da soli. Come controllo li lasci osservare nuovamente la figura e completare quanto hanno scritto.

5. Scrivi i numeri in lettere.

Chiavi: **2** quarto; **3** seconda; **4** ventisettesimo; **5** quarantaduesima; **6** dodicesime; **7** trentottesimo; **8** sesto.

6. Rispondi alle domande.

Chiavi: **2** no, non sono suoi; **3** sì, è loro; **4** no, non è nostro; **5** no, non è mio; **6** no, non sono nostre/vostre; **7** sì, è mia; **8** no, non è nostra.

CIVILTÀ

I PASTI DEGLI ITALIANI

Le immagini di questa sezione possono essere usate per descrizioni, introduzione nuovo lessico e confronti con le abitudini alimentari dei vari paesi o del paese di provenienza degli studenti. In questo caso il lessico dei pasti, i vari piatti e preparazioni è praticamente infinito. Le informazioni date in questi brevi testi sono quelle standard, tendenziali, ma va ricordato che nel sud la tendenza è a mangiare più tardi di quanto indicato, e nel nord, soprattutto nelle campagne della Pianura Padana e nelle montagne, si mangia invece prima.

1. Adesso prova a riempire la tabella.

	Colazione	Pranzo	Cena
A che ora?	Dalle 7 alle 8.	Verso l'una.	Verso le 8.
Dove?	A casa, al bar.	Mensa, casa, bar.	Casa.
Cosa si mangia?	Caffè, tè, caffelatte, con qualcosa di dolce.	Pasta. Carne pesce o uova, verdura, frutta, caffè	Pasta. Carne pesce o uova, verdura, frutta, caffè.
Con chi?	Con la famiglia, da soli.	Con i colleghi, con la famiglia, da soli.	Con la famiglia.

Progetto

5. Gli italiani amano molto il caffè ed in Italia ci sono vari modi di chiamarlo...

	Con molta acqua	Con liquore	Con poco latte	Con poca acqua	Con molto latte
Caffè espresso				X	
Cappuccino					X
Caffè macchiato			X		
Caffè lungo	X				
Caffè corretto		X			

Potrebbe iniziare la lezione portando in classe fotografie ritagliate da giornali di ragazze italiane. Poi potrebbe dare una foto a ogni coppia di studenti e chiedere loro di immedesimarsi nella persona dell'immagine per ricostruire la vita quotidiana della persona. Quest'attività le permette di ripassare ambiti lessicali (la routine) e strutturali (il presente indicativo), oltre a diverse funzioni legate alle informazioni personali.

Lo faccia in forma di gioco mostrando la foto di ogni coppia nel momento in cui viene descritta la persona. La classe deve decidere se c'è sintonia tra la foto e la descrizione. Concluda l'attività con un proverbio: l'abito non fa il monaco!

1. Lavora con un compagno.

Ora viene chiesto agli studenti in coppia di scrivere la descrizione della persona nella foto. Dia un'occhiata agli eventuali errori, leggendo quanto le coppie stanno scrivendo durante l'esecuzione dell'attività. Ma eviti di correggere gli scritti con tutta la classe e anche di leggere le descrizioni insieme. Quando tutti hanno finito faccia ascoltare la registrazione dell'attività 2.

2. Francesca è una ragazza di Bologna e oggi la intervista una radio locale...

Intervistatore: Allora, Francesca, raccontami qualcosa di te, della tua vita, del tuo tempo libero.
Francesca: Cosa vuoi sapere?
Intervistatore: Non so, potresti iniziare dall'età...
Francesca: Sono nata il 17 gennaio di quattordici anni fa a Milano; ma da molti anni vivo a Bologna. Vado a scuola, ho finito quest'anno la terza media e in settembre inizio il liceo. Mi piace andare a scuola, mi piacciono soprattutto le lingue straniere, ma in realtà la cosa che mi piace di più è la musica... e ballare. Anche fare sport mi piace molto: in inverno mi piace andare a sciare. In estate, vado spesso in piscina o al fiume a prendere il sole e poi faccio giri in mountain bike sugli Appennini. Il sabato sera spesso invito amici a casa mia o vado a casa loro, le altre sere resto a casa e vado a letto abbastanza presto. In estate è tutto più bello, cioè non c'è la scuola e si può uscire senza problemi. Di sera andiamo a mangiare un gelato dopo un giro in bicicletta. Oppure, non so..., con i miei amici ci fermiamo a chiacchierare sotto casa fino a tardi... beh fino a che la mamma non comincia a urlare. In estate, poi quando anche i miei genitori sono in vacanza facciamo sempre almeno un viaggio. Al papà piacciono viaggi strani, in paesi lontani e poco turistici e anche a me e alla mamma ci interessano più delle solite vacanze. Poi, cos'altro... leggo abbastanza... come ti ho detto suono la chitarra e poi il mio segreto: adoro scrivere e tu lo sai... A proposito... vuoi sapere come è andata la vacanza premio?...

3. Ascolta nuovamente l'intervista.

L'argomento principale di questo percorso è il tempo libero. Qui si cominciano a vedere alcuni termini collegati alle attività del tempo libero. Faccia attenzione a come gli studenti propongono i termini: non accetti parole singole come "cinema", pretenda l'espressione con il verbo "andare al cinema".

Chiavi: suonare la chitarra; ballare; fare sport; andare in mountain bike; andare a mangiare un gelato; fare giri in bicicletta; andare in piscina; al fiume a prendere il sole; leggere; scrivere.

4. Come trascorrono il tempo libero...

Ora troverete degli aggettivi che permetteranno agli studenti di utilizzare le espressioni dell'attività precedente arricchendole. Usi però quest'attività anche come momento per creare motivazione alla scoperta di eventuali differenze tra italiani e persone del paese dei suoi studenti. Chieda loro se conoscono modi tutto sommato strani, inconsueti di trascorrere il tempo libero. E quali attività piacerebbe loro, ma che non hanno mai potuto fare. Questa domanda permette di introdurre l'attività seguente.

5. Molti trascorrono il loro tempo libero...

Faccia sì che tutti i significati risultino chiari e metta ancora una volta in risalto la propensione della lingua italiana di oggi ad accettare termini stranieri, in particolare relativi a fenomeni legati alla moda: è il caso di mountain bike o bird watching. Sottolinei anche che queste parole sono quasi esclusivamente di origine inglese (americana).

6. Ascolta la seconda parte dell'intervista a Francesca.

Può essere necessario fare ascoltare la registrazione due volte. Ma non di più! Nell'attività successiva viene ripresa per un esercizio di completamento.

Chiavi: **1** F; **2** V; **3** V; **4** F; **5** V; **6** F.

Francesca: *A proposito vuoi sapere come è andata la vacanza premio?*
Intervistatore: *... Dai raccontami! Sono curioso....*
Francesca: *Allora... comincio dall'inizio perché così capisci che è stato ancora più bello. L'anno scorso a scuola la mia prof. di italiano ci ha chiesto di partecipare a un concorso per giovani scrittori. Lei sa che mi piace scrivere e mi conosce bene: mi ha detto che il premio per il vincitore era un week-end a cavallo nell'Appennino organizzato da un'associazione ambientalista. Il tema era "I giovani e la difesa dell'ambiente". Non mi è piaciuto tanto il tema. Poi però l'idea della montagna e dei cavalli... Sono stata sveglia una notte intera per scrivere e secondo me alla fine ho fatto qualcosa che faceva assolutamente schifo. L'ho consegnato alla prof. E poi mi sono completamente dimenticata della cosa.*
Intervistatore:*... E poi cos'è successo?*
Francesca: *10 giorni fa mi ha chiamato la prof. di italiano e mi ha detto che a scuola c'era una lettera per me. Sono corsa a scuola e mi hanno dato la lettera, dentro ho trovato un biglietto con scritto: "Complimenti! Hai vinto un week-end presso l'Agriturismo "La casa del pony"... Poi l'indirizzo e il numero di telefono. Così ho telefonato e mi hanno confermato tutto, mi hanno anche detto che dovevo fare l'intervista alla radio con voi. Anche i miei genitori hanno chiamato e quando hanno capito che era una cosa seria mi hanno detto che potevo andarci da sola. La mia prima vacanza da sola!*
Intervistatore: *Però..., così giovane, proprio una bella fortuna!*
Francesca: *Davvero! Sono partita, curiosa di saperne di più e quando sono arrivata là, ho trovato molte altre persone lì per un week-end o per più tempo.*
È stato tutto subito bellissimo: siamo usciti a cavallo con una guida, abbiamo fatto passeggiate nei boschi, e abbiamo attraversato torrenti, i cavalli hanno bevuto nel torrente e poi ci siamo fermati per lasciargli mangiare l'erba nei prati. Poi quando siamo tornati, ognuno ha pulito il suo cavallo e la cosa più emozionante è stata quando abbiamo visto nascere un puledro nell'allevamento del centro. Ho conosciuto delle persone stupende!
Intervistatore: *E tutto gratis, cari ascoltatori, grazie all'Associazione...*

Alla scoperta della lingua

7. Ascolta nuovamente la seconda parte...

Attenzione che l'esercizio di ascolto e completamento è in realtà un pretesto per fare svolgere un'attività induttiva in maniera scarsamente conscia, è un prima scoperta della regola del passato prossimo, ripresa nell'attività seguente.

Chiavi: **2** ha chiesto; **3** ha detto; **4** è piaciuto; **5** sono stata; **6** ho fatto; **7** ho consegnato; **8** ha chiamato; **9** hanno dato; **10** ho trovato.

Alla scoperta della lingua

8. Completa la tabella...

Se lo si ritiene opportuno si può passare ora alle attività della sezione di grammatica, ma come sempre consigliamo di seguire la sequenza proposta. Non entri nei particolari di quando si usa un ausiliare o l'altro. Se gli studenti hanno completato correttamente la tabella, passi oltre, se hanno fatto degli errori, dia la soluzione e chieda poi a tutti di pensare a una possibile regola. Spieghi il perché di quest'attesa prima di conoscere esattamente nei dettagli la regola, dicendo che prima di riflettere su questa regola è bene cercare di usare in modo più spontaneo questo tempo; dica anche che questo modo di procedere più naturale favorisce l'apprendimento.

LESSICO

1. Abbina le figure alle parole del riquadro.

Chiavi:
1 osservare le stelle;
2 cantare;
3 lavorare a maglia;
4 andare a pesca;
5 fotografare;
6 suonare uno strumento;
7 fare trekking;
8 dipingere;
9 raccogliere monete;
10 fare teatro;
11 cucinare;
12 andare in bicicletta;
13 andare a caccia.

2. Completa la tabella con le parole del riquadro.

Intervenga in aiuto degli studenti se necessario spiegando il significato delle parole. Molte di queste attività permettono una spiegazione non verbale. Provi a mimare le attività.

Chiavi:			
Giardinaggio	Modellismo	Collezionismo	Altro
tagliare l'erba	costruire modelli di aeroplani	comprare schede telefoniche	suonare
innaffiare i fiori		scegliere cartoline raccogliere francobolli scambiare monete	fare ginnastica artistica dipingere fare la maglia

3. Abbina le stagioni ai disegni.

Chiavi: inverno; autunno; primavera; estate.

4. Adesso sono le 18.00 di Sabato 15 gennaio 2005.

Con queste espressioni cerchi di fare costruire delle frasi al passato prossimo. Non intervenga troppo pesantemente se si sbagliano nell'uso dell'ausiliare, in questo momento dovrebbero però già essere in grado di tentare di costruire il tempo con il presente di avere o essere e qualcosa che assomigli al participio passato. Non importa se costruiscono dei participi passati sbagliati, se il verbo è irregolare. Non abbia paura dell'errore! Stiamo cercando di far utilizzare agli studenti il dispositivo di acquisizione della lingua (LAD) che permette a ogni essere umano di fare delle ipotesi sulla lingua, di generare frasi che poi vengono corrette attraverso l'esperienza; in questo caso attraverso la correzione dell'insegnante e il percorso didattico fornito dal testo.

Chiavi: **1** il 5 luglio 1999;
2 l'anno scorso;
3 l'inverno scorso;
4 la settimana scorsa;
5 due giorni fa;

ABILITÀ

Collegare le idee

Cerchi di far capire agli studenti, magari usando esempi nella loro lingua, come l'utilizzo di parole che collegano due o più frasi, o parole all'interno della stessa frase, renda più facile la comprensione perché vengono esplicitati i nessi logici e aiuti a migliorare il livello del parlare e dello scrivere che risultano meno elementari.

Oltre a questo obiettivo le attività che seguono ne hanno un altro: fare utilizzare verbi al passato prossimo senza che l'attenzione sia posta su questa struttura.

1. Completa le frasi con *perché*, *dove*, *quando*.

Chiavi: **1** quando
2 dove
3 dove
4 perché

2. Collega le frasi con *perché*, *dove*, *quando*...

Chiavi: **1** Vado poco a ballare, perché le discoteche non mi piacciono.
2 Ieri sono stato nella mia vecchia casa, dove sono nato.
3 Ieri sera quando mia moglie è tornata a casa, ho preparato la cena.

3. Completa le frasi con *e*, *ma/però*, *o/oppure*.

Chiavi: **1** o/oppure, **2** ma/però, **3** e.

4. Riscrivi le frasi usando *prima*, *poi*, e *poi*.

Chiavi: **1** Ieri ho finito di lavorare, poi sono andato a giocare a tennis.

2 Per fare la pizza "margherita" prima devi fare la pasta, con acqua, lievito, farina, olio e sale, poi mettere il pomodoro, l'origano e la mozzarella e poi cuocerla nel forno.

3 Quando arrivi in aeroporto prima devi fare il check-in, poi passare il controllo dei passaporti e poi andare all'uscita indicata per il tuo volo.

4 In Italia normalmente due persone prima si conoscono, poi si sposano e poi vanno a vivere insieme.

RIFLESSIONE GRAMMATICALE

Faccia notare che il participio passato si può usare anche da solo, come nei tre cartelli, dove in realtà è sottinteso il verbo "essere", ma che normalmente lo si usa per i tempi composti come il passato prossimo che a questo punto viene introdotto.

Si è scelto di introdurre il passato partendo da quello composto perché questa è ormai la tendenza imperante soprattutto – ma non solo – nella lingua parlata, sia in privato sia in pubblico e nei mass-media.

1. Scrivi il verbo all'infinito.

Chiavi: **2** stare; **3** vedere; **4** dire; **5** perdere; **6** chiudere; **7** mettere; **8** correre.

succedere
scegliere
rispondere
chiudere
correre
scrivere
leggere
prendere
vedere
cuocere
tradurre
rispondere
offrire
porre
venire
fare
nascere
vivere
bere
vincere

PERCORSO 8
IL TEMPO LIBERO

2. Metti le frasi al passato prossimo, cambiando le espressioni in corsivo.

Chiavi: le espressioni al passato possono variare quindi quelle qui offerte sono solo indicative.
2 L'estate scorsa sono rimasto spesso in città.
3 Ieri mattina ho comprato il giornale.
4 Il mese scorso abbiamo dovuto pagare molte bollette.
5 La settimana scorsa ho visto dei programmi interessanti alla tv.
6 Stamattina mi sono fatto la barba.

3. Completa le frasi...

Chiavi: 2 Quando mi hai detto che arriva tua sorella?
3 Ieri sera Anna e Lucia sono tornate a casa in taxi.
4 Alice è nata in agosto.
5 A che ora siete arrivati/e a casa di vostra madre?
6 La settimana scorsa non ci sono state le lezioni a scuola.

4. Fa' le domande.

Chiavi: le domande possono essere a volte varie.
2 Cosa avete mangiato ieri in pizzeria?
3 Dove sei andato ieri sera?

4 Perché sei rimasto a casa ieri sera?
5 Come sono andati al mare?
6 Cosa hai comprato?

5. Cosa avete fatto ieri?

Dia importanza a questo esercizio sottolineandone le valenze comunicative. Cerchi anche di lasciar correre sugli errori, eventualmente tornandoci dopo.

RIFLESSIONE GLOTTODIDATTICA

C'è una forte discussione su questa procedura di correzione degli errori:

PRO: si fa notare che se venissero bloccati a ogni errore gli studenti perderebbero ogni fiducia in sé, da un lato, e perderebbero il filo della conversazione, lo slancio; quindi è meglio lasciar perdere gli errori eventualmente annotandoli mentalmente per poi poterci tornare sopra.
CONTRO: si fa notare che in tal modo gli studenti possono credere che quello che hanno detto sbagliando sia giusto, e che quindi fissino formule sbagliate.
Entrambe le posizioni hanno ragione, ma in un approccio finalizzato alla comunicazione questa ha la prevalenza e quindi conviene lasciar correre, almeno sul momento, gli errori.

6. Rispondi alle domande.

Chiavi: 2 in nave/traghetto; 3 in bicicletta; 4 in + mese/stagione; 5 nel + anno; 6 nel + anno; 7 nel XVIII e XIX secolo; 8 in marzo/aprile.

CIVILTÀ

Si può sottolineare come la "globalizzazione" porti verso un'inevitabile uniformità di svaghi soprattutto per i giovani spesso in discoteca o impegnati a navigare in Internet o a mandarsi messaggi scritti con il telefono cellulare. In generale si può dire che gli uomini italiani siano leggermente più restii a dedicare il loro tempo libero ad aiutare in casa di molti loro colleghi di altre nazionalità. Interessante può essere invece sottolineare e discutere con gli studenti come molti modi di passare il tempo libero stiano scomparendo non solo in Italia, ma in tutto il mondo. Gli studenti possono portare le loro testimonianze di ciò che sanno da genitori e nonni.

Attività supplementari
Se lo ritiene interessante, se ha tempo disponibile, potrebbe incoraggiare gli studenti a creare un piccolo questionario da sottoporre ai loro genitori e/o nonni in cui si prendono in considerazione aspetti legati al loro modo di intendere il tempo libero (eccole alcuni stimoli con cui aiutare i suoi studenti ma solo in caso di necessità: tempo libero significa bar, amici, famiglia, volontariato, sport, lettura, cinema, ecc. Quando, come, per quanto tempo la settimana, in che periodo dell'anno. Sensazioni del tempo libero: noia, libertà, relax, ecc.). L'attività di creazione delle domande per il questionario può essere svolta a coppie o piccoli gruppi, ma è poi indispensabile con la classe definire la versione finale delle domande, la scelta delle quali dovrà essere negoziata tra tutti i gruppi. Cerchi di incoraggiare questa fase di negoziazione invitando ogni singolo gruppo a spiegare perché ha scelto di formulare un quesito in un certo modo e con certi contenuti e allo stesso tempo chieda agli altri gruppi di esprimere il loro accordo o disaccordo con la proposta dei compagni. Se le riesce di creare un certo interesse attorno a questa fase è molto probabile che gli studenti arrivino a concentrarsi sul compito in sé (la negoziazione per arrivare a un prodotto) e riescano a vincere certe inibizioni e ostacoli espressivi. Il questionario redatto in italiano verrà poi somministrato alle famiglie e gli studenti dovranno improvvisare la traduzione verso la propria lingua per renderne comprensibile il testo. In classe verranno poi raccolte e analizzate le risposte. Anche nel caso in cui vi troviate ad operare in Italia con studenti stranieri senza le loro famiglie, quest'attività può essere condotta, magari formulando domande che possano essere fatte a italiani di varie generazioni uscendo a intervistare le persone per strada.

GIOCA COI SUONI

PERCORSO 1 IN VIAGGIO

fonologia _ introduzione

Come ha constatato chiunque abbia provato a imparare una lingua straniera, la pronuncia dei suoni è uno dei settori della lingua in cui è più forte l'influenza della lingua nativa. Quando l'interferenza della L1 è particolarmente forte, o divergente dalla L2, essa può compromettere l'interazione con i nativi. In questa sezione di Rete! abbiamo cercato di fare qualcosa di più del semplice "migliorare la pronuncia". Abbiamo, piuttosto, cercato di fornire gli strumenti per sviluppare e acquisire stabilmente il sistema fonologico dell'italiano L2 che non è semplicemente un elenco di suoni, ma un sistema di significati. Quando possibile abbiamo fatto riferimenti anche ad alcune lingue straniere e a difficoltà di tipo contrastivo che si possono incontrare nell'articolazione di certi suoni. Tuttavia è impossibile prevedere tutti i punti critici relativamente ad ogni lingua madre. Ciò significa che l'insegnante può decidere di volta in volta di svolgere o non svolgere determinate attività presenti nel testo. Il sillabo di questa sezione è infatti organizzato in maniera modulare e l'insegnante può saltare o cambiare l'ordine di alcune parti senza compromettere la sequenza acquisitiva dell'apprendente. Ciò nonostante occorre fare attenzione a delle false analogie tra i suoni delle varie lingue.

Ad esempio, il suono rappresentato dalla lettera "r" presente in italiano, francese, inglese, spagnolo ecc. può essere in realtà realizzato diversamente in ciascuna di queste; l'elenco di queste false analogie potrebbe essere molto lungo.

Per quanto riguarda le caratteristiche intonative dell'italiano, diversamente dall'elenco dei fonemi che formano un sistema circoscrivibile, non è possibile prevedere l'infinita gamma delle sfumature intonative che costituiscono, appunto, una lista aperta. Abbiamo perciò stabilito un repertorio costituito dalle intonazioni fondamentali (*interrogativa*, *conclusiva*, *sospensiva*) e/o dalle intonazioni più frequenti e importanti (*rabbia*, *sorpresa* ecc.) in modo da fornire all'apprendente non solo la realizzazione di singoli suoni o di frasi, ma di un intera funzione linguistica, indipendentemente dalle dimensioni. Inoltre, abbiamo cercato di ridurre al minimo la terminologia tecnico-scientifica sia nel libro dell'insegnante e, a maggior ragione, anche nel libro dello studente. In quest'ultimo abbiamo usato soltanto termini intuitivi o facilmente spiegabili come sordo/sonoro, suoni brevi/intensi ecc. Anche se ciò può apparire una banalizzazione dei contenuti, va ricordato che l'obiettivo principale è rendere tali contenuti facilmente fruibili e applicabili da parte degli insegnanti e degli studenti. In questa ottica va anche visto l'uso del sistema di trascrizione dei suoni IPA (*International Phonetic Association*) che a prima vista può sembrare fonte di ulteriori difficoltà.

Riteniamo invece che l'uso di questa trascrizione possa aiutare gli studenti a stabilire un nesso tra il suono come entità fonetica astratta, la sua articolazione, la sua realizzazione ortografica e infine la sua collocazione in un contesto di suoni più ampio e significativo. Inoltre l'uso del sistema IPA, seppure limitato ai singoli suoni, ci consente di mettere in luce le ambiguità del sistema ortografico che possono creare confusione nell'apprendente. Un esempio per tutti, il sottosistema di suoni /k/ /g/ /tʃ/ /dʒ/ che pur essendo presente in molte lingue è realizzato ortograficamente in modo diverso dall'italiano, si pensi all'inglese e allo spagnolo che trascrivono il suono /dʒ/ con il nesso grafico -ch- (*much, mucho*) là dove in italiano questo rappresenta il suono velare opposto: /k/. Anche in questo caso, tuttavia, l'insegnante può decidere di servirsi del sistema IPA più approfonditamente, utilizzando anche i suggerimenti di volta in volta presenti nel LIBRO DELL'INSEGNANTE, oppure utilizzare i simboli IPA per il minimo indispensabile nella presentazione dei suoni.

Un'ultima precisazione riguarda il modello linguistico di riferimento, senz'altro la scelta più complessa dal punto di vista teorico. La decisione riguardava soprattutto i due poli del *modello standard* e del *neo-standard (o italiano dell'uso medio)*. Come è noto si tratta in entrambi i casi di due modelli ugualmente alti, ma mentre il primo deriva dalla prestigiosa tradizione letteraria italiana, il secondo è di recente formazione e accoglie anche quei tratti linguistici substandard esclusi dal modello standard. L'esempio maggiormente noto è senz'altro la mancata opposizione tra "e" aperta/chiusa [ɛ/e] e "o" aperta/chiusa [ɔ/o]. La scelta è stata, almeno in questo primo volume, per il modello standard, tuttavia

GIOCA COI SUONI

per controbilanciare eventuali tendenze conservatrici e per fornire un modello di pronuncia aggiornato, saranno utilizzate delle brevi note nella GUIDA DELL'INSEGNANTE, in cui faremo riferimento alle diverse realizzazioni di suoni sia nel modello neo-standard, sia nei vari italiani regionali. Ancora una volta all'insegnante la scelta di descrivere, o almeno menzionare altre possibilità, altrettanto valide dal punto di vista comunicativo.

Sintetizzando possiamo dire che l'obiettivo principale di questo sillabo non è tanto il fedele e mnemonico apprendimento di un sistema complesso di suoni (processo che impegnerà l'apprendente per lungo tempo) ma piuttosto fornire all'apprendente i mezzi per sviluppare questo nuovo sistema di suoni.

• I suoni delle vocali

In questa unità lo studente familiarizza con i suoni vocalici. Si ricordi che gli italiani accettano tranquillamente pronunce diverse. Quindi è inutile ricercare ora una pronuncia perfetta, soprattutto per quanto riguarda la differenza tra [e/ɛ] "e aperta/chiusa" e [o/ɔ] "o aperta/chiusa". Questi suoni, infatti, sono distintivi, oltre che nella pronuncia standard, solo nelle regioni centrali: Lazio, Umbria, Toscana, Marche.

1. Ascolta e ripeti le vocali.

Si ascoltano delle sequenze di suoni che gli studenti devono ripetere.
Dopo, faccia riprodurre i suoni agli studenti, in coro e/o in coppia.
Segua i suoni rappresentati nel triangolo vocalico del LIBRO DELLO STUDENTE come una mappa per visualizzare l'innalzarsi del dorso della lingua.
Se necessario, spieghi l'articolazione dei suoni.
Si assicuri, inoltre, che gli studenti capiscano le parole bocca, palatali (/i/ /e/ /ɛ/); quelli pronunciati con il dorso della lingua spostato verso la parte posteriore (velo) suoni velari: /u/ /o/ /ɔ/.
Faccia attenzione alle posizioni di /a/ /i/ /u/, le usi come riferimento nella pronuncia degli altri suoni. Il suono /a/ è prodotto con la lingua completamente appiattita sul fondo della bocca aperta.
I suoni /i/ ed /u/ con la lingua che si spinge verso l'alto ma senza toccare la parte superiore della bocca. Le opposizioni /e/ vs. /ɛ/ e /o/ vs. /ɔ/ sono il punto di passaggio dai suoni alti, ai suoni bassi.
I parlanti di alcune L1 (ad esempio gli anglofoni) tendono a confondere /i/ ed /e/ in unico suono. Altri elementi importanti sono la posizione delle labbra e il grado di apertura della bocca. Più ci spingiamo verso i suoni alti, più la bocca tende a chiudersi. Inoltre, nei suoni palatali gli angoli delle labbra sono tanto più arretrati e chiusi, quanto più è alto il suono che produciamo. Invece, nei suoni velari, le labbra tendono ad arrotondarsi e a spingersi in fuori, quanto più pronunciamo un suono alto (cfr. disegno). Abitui gli studenti a controllare e coordinare i movimenti della lingua e delle labbra.
È importante esercitarsi anche a casa, passando dalle posizioni di base agli altri suoni. Se dispone di un laboratorio linguistico, può far registrare le prestazioni degli studenti e poi lavorare sul confronto e l'autovalutazione.

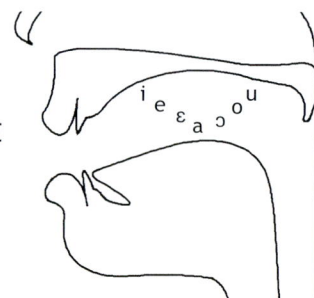

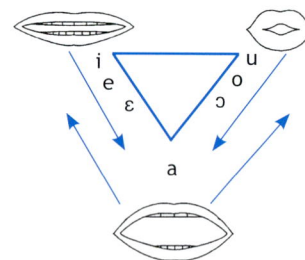

Chiavi: **1** /i/ /e/ /ɛ/ /a/ /ɔ/ /o/ /u/ **2** /u/ /o/ /ɔ/ /a/ /ɛ/ /e/ /i/ **3** /i/ /u/ /e/ /o/ /ɛ/ /ɔ/ **4** /i/ /o/ /u/ /e/ /ɛ/ /a/ /ɔ/ **5** /a/ /i/ /u/ /a/ /ɛ/ /e/ /a/ /ɔ/ /o/.

2. Ascolta le parole e fa' un segno nella colonna corretta.

Dopo essersi esercitati con i suoni delle vocali, gli studenti devono allenarsi a riconoscere i suoni. L'attività consiste in un dettato di parole monosillabiche: quindi di senso compiuto. Tuttavia, il significato delle singole parole è un obiettivo secondario. L'attività può essere eseguita più volte, si consiglia almeno tre, con confronto prima in coppia fra studenti e poi con l'insegnante.

GIOCA COI SUONI

Chiavi: /i/ gli **(6)** mi **(16)** il **(21)**; /e/ queste **(10)** se **(11)** re **(19)**; /ɛ/ gel **(1)** re (la nota musicale) **(3)** c'è **(8)**; /a/ fatta **(9)** gas **(14)** papà **(18)** /ɔ/ sol **(2)** tot **(5)** po' **(12)**; /o/ rosso **(7)** col **(13)** lo **(15)**; /u/ un **(4)** fu **(17)** sul **(20)**.

3. Ascolta le parole e sottolinea l'accento principale.

L'obiettivo è imparare a distinguere l'accento nelle parole. In italiano l'accento è libero, cioè può trovarsi su qualsiasi vocale. La vocale accentata (o *tonica*) è quella su cui cade l'accento principale della parola. La sillaba che contiene la vocale accentata è riconoscibile sia perché è pronunciata con maggiore intensità rispetto alle altre sillabe, sia perché si allunga la durata dell'intera sillaba. Tuttavia, se si tratta di una parola accentata sull'ultima sillaba (*nazionalità, però*) non c'è allungamento. Nelle trascrizioni fonetiche l'accento è rappresentato dal simbolo ['] prima della sillaba accentata e la durata del suono con il simbolo [:] dopo la sillaba. Ad esempio: americano /ameri'ka:no/ caffè /kaf'fɛ/ Francia /'fran:tʃa/.

Se possibile, faccia notare che in italiano l'accento principale di una parola viene trascritto ortograficamente solo nel caso di parola accentata sull'ultima sillaba: *città, nazionalità, più*, ecc. Inoltre, faccia osservare che, benché la posizione dell'accento non sia prevedibile, le parole derivate tendono ad avere accenti in posizione regolare. Ad esempio: *messicano; americano; italiano* ecc.

Chiavi: **2** nazionalità; **3** francese; **4** Italia; **5** Marocco; **6** brasiliano; **7** America; **8** americano; **9** Francia; **10** marocchino.

PERCORSO 2 ALLA STAZIONE

• I suoni /p/ Napoli e /b/ abitare

1. Ascolta le parole e fa' un segno nella colonna corretta.

Si ascoltano le parole: *Albania; Poletti; opera; libro; completa; Caballero; brasiliano; campanile; prenotazione; abbastanza.*
Questa attività ha come obiettivo far osservare allo studente la differenza tra i suoni /p/ e /b/. La prima fase, in particolare, consiste nel riconoscimento dei suoni. Di solito questa coppia non crea problemi nell'articolazione; tuttavia, tenga presente che alcune lingue come l'arabo, non distinguono tra /p/ sordo e /b/ sonoro e in altre come lo spagnolo, l'articolazione può essere diversa. Perciò la fase di riconoscimento e percezione riveste in questi casi una notevole importanza. Consigliamo almeno tre ascolti. Nel primo faccia solo ascoltare, nel secondo faccia eseguire l'attività. Prima del terzo ascolto faccia fare una verifica tra studenti, successivamente faccia ascoltare per la terza volta.

Chiavi: **2**/p/; **3**/p/; **4**/b/; **5**/p/; **6**/b/; **7**/b/; **8**/p/; **9**/p/; **10**/b/.

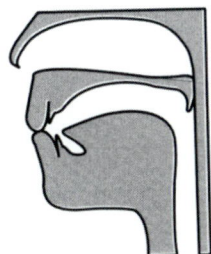

Suoni /p/ /b/

Richiami l'attenzione degli studenti sulla distinzione sordo/sonoro.
I suoni come /b/ sono chiamati suoni «sonori» perché sono prodotti con la vibrazione delle "corde vocali".
I suoni come /p/ che non hanno questa vibrazione sono chiamati suoni «sordi». Li inviti a verificare il differente suono, provocato dalla vibrazione delle corde vocali che si avverte appoggiando la mano sulla gola.

GIOCA COI SUONI

Si assicuri che gli studenti capiscano questa distinzione perché in italiano è molto importante e sarà ripresa più volte. Altri esempi di suoni sonori sono [b/d/g], mentre i corrispondenti suoni [p/t/k/] sono prodotti senza vibrazione (sordi). Se necessario, può spiegare più in dettaglio l'articolazione dei suoni /p/ e /b/, i quali sono prodotti con la stessa articolazione; le labbra si chiudono impedendo il passaggio dell'aria: la loro improvvisa riapertura genera i due suoni.
La differenza è causata dalla vibrazione, o non vibrazione delle corde vocali (cfr. disegno).

In questa pagina e nella successiva ci sono dei manifesti originali di due delle opere più celebri di Giacomo Puccini, il grande compositore nato a Lucca nel 1858 e morto a Bruxelles nel 1924. È l'autore di opere quali: Manon Lescaut, La Bohème, Madama Butterfly, Turandot.
La musicalità della lingua italiana, la sua armonia hanno permesso, tra gli altri fattori, il fiorire di esperienze musicali a livello mondiale.

2. Ascolta le parole e scrivile nella colonna corretta.

In questa seconda attività gli studenti continuano a lavorare sulla percezione delle differenze tra i due suoni. Faccia fare almeno tre ascolti. Nel primo faccia solo ascoltare, dal secondo scrivere; fra il secondo e il terzo ascolto faccia controllare gli studenti tra di loro, poi, effettui il terzo ascolto. Tenga presente che l'obiettivo è lo sviluppo della percezione di questi due suoni e non l'ortografia delle parole; tuttavia, alla fine dell'attività è necessaria una fase di correzione collettiva, condotta da Lei alla lavagna.

Chiavi: /p/ spaghetti; ripetere; spiegare; capito. /b/ Berlino; Lombardia; Fabrizia; francobollo; abilità.

3. Leggi al compagno le parole che hai scritto.

In questa fase gli studenti provano a riprodurre leggendo le parole che hanno scritto nell'attività precedente.
Le consigliamo di far lavorare in coppia, magari cambiando compagno più di una volta.

PERCORSO 3 STUDIARE E LAVORARE

• I suoni /k/ che; /g/ prego; /tʃ/ francese; /dʒ/ giorno.

1. Ascolta queste parole, contengono i suoni /k/ /g/ /tʃ/ /dʒ/.

Questi suoni rappresentano una specie di microsistema che è costituito dai suoni palatali /tʃ/ (sordo) /dʒ/ (sonoro) e dai suoni velari /k/ (sordo) e /g/ (sonoro). Il primo approccio consiste nell'ascolto. Successivamente, se necessario, può spiegare come i suoni vengono articolati. I suoni /tʃ/ /dʒ/ sono pronunciati con la punta della lingua che preme contro gli alveoli dei denti e il bordo della lingua contro i lati del palato, invece i suoni velari (/k/ e /g/) sono pronunciati con il dorso della lingua fortemente

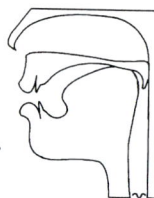

Suoni /k/ /g/

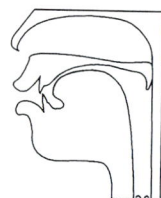

Suoni /tʃ/ /dʒ/

arretrato e schiacciato contro la parte posteriore superiore della bocca (cfr. i disegni). Se necessario, ricordi agli studenti che i suoni sonori /g/ e /dʒ/ devono essere pronunciati con la vibrazione delle corde vocali, mentre nei suoni sordi /tʃ/ e /k/ non c'è vibrazione. In alcune lingue (ad esempio il francese) i suoni /tʃ/ /dʒ/ non esistono e in alcune varietà di italiano questi suoni, quando sono tra due vocali, sono pronunciati semplicemente /ʃ/ /ʒ/. Ad esempio, In toscana parole come ragione /ra'ʒo:ne/

e cucina /ku'ʃi:na/; una pronuncia analoga, ma solo per il suono sordo /tʃ/, nel Lazio e in Campania. Tuttavia queste pronunce non compromettono la comprensione del messaggio. Maggiori difficoltà si incontrano nella resa ortografica dei suoni, argomento dell'attività successiva.

2. Ora ascolta di nuovo le parole...

Gli studenti dovrebbero già essere in grado di individuare graficamente i suoni, eventualmente si può richiamare la loro attenzione sugli esempi riportati all'inizio di questa sezione. Dopo il secondo ascolto gli studenti possono confrontare tra loro le parole che hanno sottolineato. La verifica collettiva che svolgeranno insieme a lei dovrebbe essere mirata a evidenziare i differenti modi in cui questi suoni si possono scrivere. Poiché si tratta di parole che gli studenti già conoscono, le può far leggere in coppia. Riguardo alla divisione in sillabe della parola cia-o nel post-it, faccia presente, se necessario, che la "i" è solo un segno grafico usato per trascrivere e distinguere il suono palatale /tʃ/ dal suono velare /k/. Quindi non va considerata ai fini della divisione in sillabe.

3. Ascolta le parole della prima colonna...

L'obiettivo è aiutare lo studente a stabilire dei legami tra il suono e la sua trascrizione ortografica attraverso l'uso dei simboli IPA. L'attività è stata divisa in due parti e continua nella successiva. In questa prima parte sono esaminati i suoni velari, /k/ /g/ sordo e sonoro. Prima della verifica collettiva, può far confrontare i risultati degli studenti fra di loro. Eventualmente, può far leggere le parole in coppia.

Chiavi: **2** f; **3** i; **4** e; **5** c; **6** g; **7** b; **8** a; **9** d; **10** h.

4. Ascolta le parole della prima colonna...

Continua l'attività precedente. Questa volta vengono esaminati i suoni palatali sordi e sonori /tʃ/ /dʒ/. Abbiamo eliminato il suono /tSu/ che, benché sia teoricamente possibile, è poco produttivo in italiano. Anche in questa attività, l'obiettivo è indurre gli studenti ad osservare, oltre che il suono, anche la resa ortografica. Eventualmente, può far leggere le parole in coppia.

Chiavi: **2** c; **3** f; **4** h; **5** a; **6** g; **7** b; **8** d; **9** e.

5. Ora fa' attenzione a...

Attraverso le attività svolte finora e gli aiuti contenuti nella tabella gli studenti dovrebbero avere sufficienti elementi per ricavare induttivamente le regole ortografiche di questi suoni. L'attività è individuale, ma la verifica può essere svolta prima in coppia e poi collettivamente. Eventualmente, può far osservare come i suoni /tʃ/ e /dʒ/ utilizzino la lettera "i" davanti ai suoni vocalici velari, ossia i suoni posti sul versante destro del triangolo vocalico che abbiamo visto nella prima unità. Invece i suoni /k/ e /g/ utilizzano la lettera "h" di fronte ai suoni vocalici palatali posti sul versante sinistro del triangolo vocalico.

La sillabazione italiana non è particolarmente complessa, tranne per la "s" che viene spostata all'inizio della sillaba seguente, a differenza di molte altre lingue, e per la presenza di sillabe composte da una sola vocale, come in "cia-o", "po-li-zi-a", ecc.

GIOCA COI SUONI

PERCORSO 4
LA FAMIGLIA

- I suoni /m/ *m*edico; /n/ u*n*.

1. Ascolta le parole e fa' un segno nella colonna corretta.

Si ascoltano le parole: *tempo; punto; fame; ultimo; in prestito; cane; un'opinione; campo; cambio; ancora.*

La prima attività è dedicata allo sviluppo della percezione dei suoni /m/ e /n/ e al loro riconoscimento. Consigliamo come sempre tre ascolti. Nel primo faccia solo ascoltare, dal secondo scrivere, fra il secondo e il terzo ascolto, faccia controllare gli studenti tra di loro, poi effettui il terzo ascolto. Se pensa che sia necessario, preannunci agli studenti che vi sono anche due coppie formate da preposizione + parola (in prestito) e articolo + parola (un'opinione).

Chiavi: 1 /m/; 2 /n/; 3 /m/; 4 /m/; 5 /n/; 6 /n/; 7 /n/; 8 /m/; 9 /m/; 10 /n/.

2. Ascolta le parole e scrivile nella colonna corretta.

L'attività ha l'obiettivo di verificare che non ci siano interferenze tra la percezione dei suoni e la resa grafica. Se lo ritiene necessario, faccia presente che in alcuni casi le parole sono precedute dall'articolo un. Chiarisca subito che ci sarà più di un ascolto, perciò gli studenti non si devono preoccupare se non fanno in tempo a scrivere tutte le parole. Effettui un primo ascolto senza fare scrivere. Dopo, faccia ascoltare e scrivere. Se crede, faccia una breve verifica prima del terzo e ultimo ascolto; segue verifica collettiva.

Chiavi: /m/: ambiente; imparare
        /n/: inverno; fungo; anche; un figlio; un bar; un gatto; in parte.

3. Leggi le parole che hai scritto insieme a un compagno.

Faccia leggere le parole in coppia. Il suono /m/ non presenta problemi particolari; le labbra si chiudono e si riaprono velocemente facendo passare l'aria attraverso il naso, vedi disegno. Anche il suono /n/ si articola facendo passare l'aria attraverso il naso, ma l'occlusione avviene tra la punta della lingua e gli alveoli dei denti. In entrambi i suoni c'è vibrazione delle corde vocali (cfr. disegno). Il suono /n/, quando è seguito dai suoni [k/g], [p/b] e [f/v] (ad esempio ancora, in piedi, inverno) ha una pronuncia diversa. Infatti la lingua non tocca gli alveoli e /n/ e tende a essere articolato come la consonante che segue. Ad esempio in *piedi* viene in realtà pronunciato /im 'pjɛdi/. Si tratta, comunque, di un fenomeno normale in una pronuncia un po' veloce e non dovrebbe essere necessario spiegarlo esplicitamente agli studenti. Faccia comunque attenzione alla pronuncia di queste sequenze.

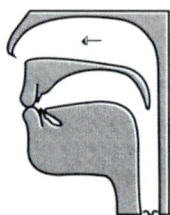

Suono m

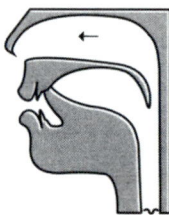

Suono n

GIOCA COI SUONI

PERCORSO 5
LA CASA

• I suoni /t/ *t*empo; /d/ nor*d*   • Intonazione negativa e affermativa

1. Ascolta le coppie di parole. Fa' attenzione...

Faccia contemporaneamente ascoltare e leggere le coppie di parole. Si assicuri che gli studenti capiscano che le parole con l'asterisco non esistono. Se crede, faccia ascoltare più di una volta. Dopo, faccia leggere le parole in coppia. Se necessario può dare consigli sull'articolazione dei suoni. La /t/ e la /d/ italiane sono prodotte appoggiando la punta della lingua immediatamente dietro i denti. Nella /d/ c'è anche la vibrazione delle corde vocali. I parlanti di madrelingua inglese tendono a pronunciare questi suoni, più arretrati, appoggiando la lingua agli alveoli dentali. Anche in spagnolo questi suoni possono essere articolati diversamente, rispetto ai corrispondenti italiani (cfr. il disegno).

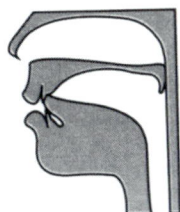

Suoni /t/ /d/

2. Ascolta le parole e scrivile nella colonna corretta.

L'attività ha l'obiettivo di verificare che non ci siano interferenze tra la percezione dei suoni e la resa grafica. Dica subito che ci sarà più di un ascolto, perciò gli studenti non si devono preoccupare se non fanno in tempo a scrivere tutte le parole al primo ascolto. Faccia sentire la lista di parole una prima volta senza scrivere.
Poi faccia ascoltare di nuovo scrivendo. Faccia effettuare una veloce verifica tra studenti; quindi faccia riascoltare e controllare di nuovo. Dopo effettui una verifica collettiva. Se lo ritiene opportuno dopo può far rileggere le parole in coppia.

Chiavi: /t/ corta; festa; patatina; testata; temperato. /d/ desiderio; medico; sud; radio; corda.

3. Ascolta queste frasi. Fa' attenzione all'intonazione.

Viene ripresa l'intonazione conclusiva già affrontata nell'Unità 2. In particolare, si vuole fare notare agli studenti che non esistono differenze tra l'intonazione affermativa e l'intonazione negativa.
Faccia prima ascoltare senza leggere. Quindi faccia leggere agli studenti il post-it e si assicuri che lo capiscano. Infine, faccia ascoltare di nuovo e contemporaneamente faccia leggere le frasi.

4. Leggi le frasi dell'esercizio precedente insieme a un compagno.

Faccia leggere le frasi in coppia. Se necessario, questo è anche il momento per rispondere a eventuali domande sul significato delle parole.

GIOCA COI SUONI

PERCORSO 6
LA VITA QUOTIDIANA

• I suoni /r/ *r*osso; /l/ *l*una   • Mettere in risalto un elemento della frase

1. Ascolta queste coppie di parole. Ti sembrano uguali o...

In questa attività gli studenti devono distinguere tra i suoni /r/ e /l/. Soprattutto con /r/ è possibile che vi siano difficoltà articolatorie. In alcune lingue infatti non esiste la distinzione tra questi due suoni, ad esempio in cinese. Invece, vi sono lingue come lo spagnolo in cui la vibrazione della /r/ è distribuita diversamente: più lunga in inizio di parola, più breve all'interno della parola. Anche in inglese questo suono è pronunciato diversamente rispetto all'omologo italiano. Infine, anche /l/ come il suono /n/ nell'Unità 4 può essere influenzato dal suono immediatamente successivo e cambiare modo di articolazione; tuttavia, anche in questo caso non c'è bisogno di farlo osservare agli studenti perché non c'è una reale differenza da un punto di vista uditivo. Inoltre, è possibile che vi siano difficoltà individuali a pronunciare una /r/ vibrante come quella italiana.
Poiché le stesse parole saranno ascoltate anche nell'attività successiva, sono sufficienti due ascolti seguendo la consueta procedura: primo ascolto senza scrivere, secondo ascolto, verifica collettiva.

> Chiavi: uguali: c; e; g; h. Diverse: a; b; d; f.

2. Ascolta e scrivi le parole dell'attività precedente.

Poiché gli studenti conoscono già le parole, faccia scrivere già al primo ascolto. Due ascolti dovrebbero essere sufficienti. Dopo la fase di verifica collettiva, faccia leggere le parole in coppia. Se necessario può spiegare prima come si articolano i suoni. Il suono /l/ si produce toccando gli alveoli dei denti con la punta della lingua e facendo passare l'aria ai lati della lingua, vedi disegno. Il suono /r/ si produce appoggiando la punta della lingua conto gli alveoli e facendola vibrare (cfr. disegno). Entrambi i suoni implicano la vibrazione delle corde vocali. Se ci sono difficoltà nella produzione della /r/ faccia provare pronunciando un suono vibrante lungo [rrrrr], ma tenga conto che è controproducente insistere troppo in questi casi. Insista invece sulla necessità di lavorare a casa, da soli.

> Chiavi: caro calo; Parma palma; albero albero; arto alto; calza calza; scarso scalzo; barba barba; percorso percorso.

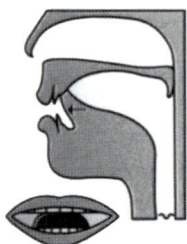

Suono /l/

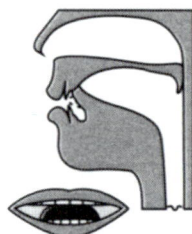

Suono /r/

3. Ascolta questo breve dialogo e fa' attenzione a come il parlante B mette in rilievo una parola nella frase.

L'obiettivo di questa e della prossima attività è osservare come è possibile mettere in risalto degli elementi del discorso. Si assicuri che gli studenti abbiano compreso il significato delle espressioni "mettere in rilievo/risalto". Può fare riferimento alla vignetta nel libro dello studente. Faccia notare come nell'esempio proposto il possessivo "mia" è pronunciato con maggiore intensità, allungando la durata della parola. Faccia osservare che qualunque parola può essere messa in risalto nella frase: dipende da come vogliamo strutturare le informazioni. Generalmente mettendo una parola in rilievo vogliamo comunicare una nuova informazione, o precisare un'informazione precedente.

GIOCA COI SUONI

4. Ascolta le frasi e sottolinea le parole che vengono messe in rilevo.

Chieda agli studenti di sottolineare le parole che sono pronunciate con maggiore intensità, cioè in rilievo rispetto alle altre. Faccia fare un paio di ascolti e fra un ascolto e l'altro faccia controllare gli studenti tra di loro. Dopo la verifica collettiva, faccia leggere le frasi in coppia, facendo particolare attenzione alle parole messe in rilievo.

> Chiavi: **1** mio; **2** i miei; **3** oggi; **4** molto simpatico; **5** nostro; **6** questo.

PERCORSO 7 IL CIBO, AL RISTORANTE

• I suoni /ɲ/ compa**gn**o; /ʎ/ fi**gl**io; /ʃ/ pe**sc**e • Accento nelle parole

1. Ascolta le parole

Faccia ascoltare e contemporaneamente leggere le parole due volte. Dopo la prima volta, può già far notare l'ortografia di questi tre suoni. Il suono /ʎ/ (-gl-) è sempre seguito dalla vocale -i-. Mentre il suono /ʃ/ (-sc-) è seguito dalla -i- solo nelle sequenze –scia-, -scio-, -sciu-, cioè quando è seguito da una vocale velare (cfr. il triangolo vocalico nell'Unità 1). Il suono / ɲ / invece è costituito dal nesso -gn- + vocale. Se crede può far notare come non tutte le sequenze siano utilizzate in italiano; ad esempio, alcuni suoni come -gliu-/-sciu- benché siano possibili, sono poco produttivi. Infine, faccia osservare che queste sequenze di lettere possono anche essere lette diversamente. Infatti –sc- può essere letto /sk/, (scarpa, schiena ecc.) quando è seguito dai suoni velari /o/ /ɔ/ /u/. Il nesso -gl- è pronunciato /gl/ in parole di origine esotica come glicine, glucidi ecc. ma si tratta comunque, di una pronuncia rara. Invece la pronuncia /gn/ di –gn- è solo teorica, o rilevabile solo in parole straniere. Se ritiene che la sua classe sia già in grado di farlo, può far leggere le parole in coppia.

2. Ascolta le parole e fa' un segno nella colonna corretta.

Questa attività si prolunga anche nell'attività 3. Le consigliamo perciò solo due ascolti perché le parole saranno ripetute anche nell'attività successiva. Fra un ascolto e l'altro faccia fare una verifica tra studenti.

> Chiavi: /ɲ/: 1; 6; 9. /ʎ/: 3; 4; 8. /ʃ/: 2; 5; 7.

3. Ascolta...

Anziché fare solo un segno, può far scrivere le parole, dovrebbero essere sufficienti due ascolti. Dopo faccia leggere le parole in coppia. Se ci sono difficoltà nella pronuncia, può spiegare l'articolazione dei suoni. Il suono /ʃ/ si articola con la lingua che si alza toccando il palato solo con i lati, si forma cosi uno stretto canale che solca la lingua e attraverso il quale passa l'aria che produce il suono. Non c'è vibrazione delle corde vocali. Il suono /ʎ/ è prodotto con il dorso della lingua che tocca il palato, mentre l'aria passa intorno ai lati della lingua, le labbra sono strette e accostate, c'è anche la vibrazione delle corde vocali (cfr. disegno). Il suono /ɲ/ si articola in modo simile al suono precedente, però l'aria, invece che attraverso la bocca, esce attraverso il naso. Anche in questo suono c'è la vibrazione delle corde vocali (cfr. disegno). Questi suoni saranno

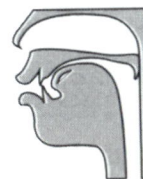

Suono /ʃ/

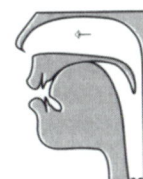

Suono /ʎ/

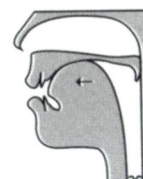

Suono /ɲ/

GIOCA COI SUONI

ripresi nel terzo volume di RETE!, ma se crede può preannunciare che quando si trovano in posizione intervocalica (praticamente quasi sempre) la loro pronuncia è intensa come se fossero suoni doppi. Ad esempio lo sci si pronuncia /loʃʃi/; figlio /fiʎ'ʎo/; insegnante /inseɲ'ɲante/.

> Chiavi: /ɲ/ lasagne; insegnante. /ʎ/ aglio; biglietto; famiglia. /ʃ/ piscina; sciopero; conosciuto.

🎧 4. Ascolta le parole e sottolinea le sillabe accentate.

L'obiettivo è il riconoscimento della sillaba tonica, già vista nell'Unità 1. Due ascolti con verifica intermedia tra studenti, dovrebbero essere sufficienti. Può far notare che in italiano, a differenza di altre lingue (ad esempio l'inglese), le sillabe non accentate mantengono la loro normale lunghezza nella parola e non vengono compresse nella pronuncia di tutta la frase. Questo contribuisce a caratterizzare la scansione degli accenti in italiano che è così contraddistinto da un ritmo molto cadenzato, con le sillabe atone ben distinte e quelle toniche che spiccano per lunghezza e intensità. Inoltre, faccia notare come sia possibile distinguere le parole in base a dove cade l'accento, per cui si parla di parole accentate sull'ultima sillaba, (*città*); sulla penultima (*pavimento*) e sulla terzultima sillaba (*ipotesi*). Si assicuri che gli studenti capiscano questa terminologia perché sarà oggetto di attività nel libro di casa.

> Chiavi: cit*tà*; farma*cia*; pavi*men*to; nazionali*tà*; telefo*na*ta; cas*set*ta; per*ché*; caf*fè*; ca*mi*cia; i*po*tesi; *dit*ta.

PERCORSO 8 IL TEMPO LIBERO

• I suoni /f/ fiore; /v/ vino; /s/ sale; [z] svenire

🎧 1. Ascolta le parole e fa' un segno nella colonna corretta.

L'obiettivo dell'Unità è comprendere le differenza tra questi suoni, apparentemente molto diversi, ma accomunati dal fatto di essere dei suoni "continui", cioè dei suoni che in teoria possono essere prolungati fino all'esaurimento della scorta d'aria nei polmoni. Faccia ascoltare due volte, con un controllo tra studenti dopo il primo ascolto. Poi passi all'attività successiva. Per maggiori ragguagli circa questi suoni si veda l'attività 3.

> Chiavi: /f/: 4; 6; 9; /v/: 1; 5; 8; /s/: 2; 3; 7.

🎧 2. Ascolta e scrivi le parole dell'attività precedente.

Faccia ascoltare le parole almeno due volte. Tra un ascolto e l'altro faccia verificare gli studenti tra di loro. Dopo la correzione collettiva faccia leggere le parole in coppia. Eventuali difficoltà nella produzione dei suoni possono essere risolte descrivendo la loro articolazione. I suoni /f/ e /v/ sono articolati nello stesso modo. Il labbro inferiore si appoggia ai denti superiori e fa uscire l'aria; la differenza sta nel fatto che /v/ implica anche la vibrazione delle corde vocali (suono sonoro) (cfr. disegno). Anche i suoni /s/ e [z] condividono il medesimo punto di articolazione e sono differenziati dall'assenza (/s/) o presenza ([z]) di vibrazioni delle corde vocali. Tuttavia, il suono [z] non fa veramente parte del sistema fonologico dell'italiano, ma è una varietà di /s/, la quale viene pronunciata sonora in contesti particolari che vedremo più avanti.

Suono /f/ [v]

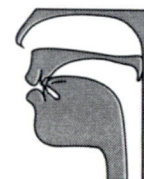

Suono /s/ [z]

Questo è anche il motivo per cui il suono [z] è rappresentato tra parentesi quadre invece che tra le consuete barre oblique. Questi due suoni sono articolati avvicinando la punta della lingua ai denti superiori ma senza toccarli. Si forma così un canale molto stretto (ma meno stretto che nell'analogo suono /ʃ/, cfr. Unità 7) attraverso cui passa l'aria. La lingua è leggermente curva internamente. Nell'italiano del centro-sud e in alcune lingue la punta della lingua è abbassata dietro i denti inferiori, ma non vi è differenza dal punto di visto uditivo.

Chiavi: /f/ fumo; schifo; ferie /v/ nevica; dove /s/ est; crisi; psiche.

3. Ascolta e sottolinea le parole che contengono la «esse» [z] sonora.

Consigliamo tre ascolti, il primo dei quali senza effettuare alcun compito se non l'ascolto vero e proprio. Successivamente faccia sottolineare le parole e tra il secondo e il terzo ascolto faccia cotrollare gli studenti tra di loro e dopo il terzo ascolto faccia una verifica collettiva. Dopo, faccia leggere le parole in coppia. L'obiettivo è duplice: da una parte rendere consapevoli gli studenti delle possibili differenze che possono riscontrare nella pronuncia, dall'altra fornire dei contesti in cui eventualmente applicare la pronuncia sonora. Tuttavia, tenga conto che questa opposizione è pur sempre un tratto marginale, su cui c'è oscillazione fra gli stessi italiani. Quindi è inutile cercare di insistere per ottenere una pronuncia perfetta. Gli studenti possono anche scegliere di adottare una sola «esse», sorda o sonora, senza ulteriori distinzioni. Inoltre, i parlanti di lingua madre inglese possono tendere a pronunciare /s/ sorda anche quando questa è seguita da una consonante sonora. È invece da sconsigliare la cosiddetta vocale prostetica, cioè la «i» o la «e» aggiunte davanti alla «esse» preconsonantica, del tipo: *isvenire, *escusarmi, tipiche di alcune lingue.

Il post-it si riferisce alla distinzione tra «esse» sorda sonora già vista precedentemente. Al di là dell'indicazione che abbiamo dato non esiste una regola per stabilire quando la «esse» è sorda e quando sonora. Se crede, può aggiungere che nel centro e nel sud si preferisce il suono /s/, mentre nel nord il suono /z/. Tuttavia, quando la «esse» si trova tra due vocali, c'è una diffusa tendenza a pronunciare [z]. I suoni intensi, o doppi, saranno visti più avanti, ma se crede può anticipare che non esiste una variante intensa del suono [z], ma solo /ss/.

Chiavi /s/: aspetto; corso; testa; scarpe; affresco. /z/: visione; chiesa; turismo; svedese; isola; esame; sveglia.

TEST

PERCORSO 1 IN VIAGGIO

Valutazione, autovalutazione e testing sono aspetti spessissimo trascurati dalle grammatiche e dai metodi di italiano per stranieri. Al massimo si possono trovare appendici con batterie di item per lo più di ispirazione strutturalistica scisse da un organico percorso didattico. Rete! è concepito invece sulla base di unità didattiche complete e, nell'ottica di un approccio comunicativo, recupera la fase di testing e valutazione collocandola alla fine di ogni unità didattica. Questo test è impostato in modo integrato. Mira infatti a verificare la competenza linguistica nella sua totalità, non solo quindi sotto il profilo morfosintattico, ma anche lessicale e socio-pragmatico, privilegiando il concetto di attività a quello di esercizio, laddove la prima si rifà ad una esperienza globale e cognitiva, mentre il secondo a una semplice applicazione deduttiva delle strutture linguistiche.

Nella nostra idea, il test va eseguito a casa. Lo studente ha così tutto il tempo di fare le cose con calma: se fa errori, non sono ascrivibili allo stress! Si tratta di un bilancio accurato che lo studente può fare circa quello che ha appreso nell'unità, ed è con questo spirito che gli va proposto il test: quasi una forma di autovalutazione, in cui l'insegnante interviene alla fine solo per sancire, con la sua professionalità, il giudizio che uno studente dovrebbe già essersi dato. Se lei lo ritiene opportuno, comunque, può fare eseguire il test in classe. Al momento della correzione lei potrà utilizzare dei riquadri, come i due posti a destra vicino alla striscia colorata: nei puntini si scrive quante soluzioni sono corrette, e la cifra stampata indica il punteggio massimo. Fatto questo per tutti gli esercizi, anche sulla pagina seguente, si fa la somma e si ottiene il totale di punti effettivi rispetto ai punti possibili.

1. Abbina le vignette al dialogo...

Chiavi:	1 A	2 F	3 G
	4 C	5 E	6 -
	7 B	8 D	9 -

2. Trova le espressioni di saluto.

A	U	S	K	B	C	L	O	M	A	B	T	R	H
B	A	U	A	R	R	I	V	E	D	E	R	C	I
A	N	A	R	I	C	A	S	T	I	V	A	R	A
I	A	O	B	U	O	N	A	N	O	T	T	E	L
S	R	E	U	S	T	E	G	D	L	I	B	D	L
C	I	A	O	O	T	I	L	E	R	I	N	N	A
F	A	R	N	A	T	E	R	V	J	U	D	I	F
U	T	E	A	A	L	P	I	A	C	E	R	E	D
C	U	N	S	I	L	O	M	E	D	R	O	A	B
E	U	N	E	S	S	E	T	I	L	E	M	I	U
U	O	O	R	T	E	Z	Z	L	D	G	B	V	O
P	U	C	A	T	E	R	A	L	I	A	N	O	T
N	R	O	S	I	T	I	L	O	R	E	N	O	T
C	O	N	E	B	U	O	N	G	I	O	R	N	O

3. Osserva la risposta e scrivi la domanda corretta in modo formale e informale.

Chiavi: Buongiorno, come si chiama? Ciao, come ti chiami?
Buongiorno, da dove viene? Ciao, da dove vieni?
Buongiorno, dove studia? Ciao, dove studi?

4. Completa il cruciverba con gli aggettivi di nazionalità.

Chiavi: **1** inglese; **2** italiana; **3** tedesca; **4** americana; **5** francese; **6** russa.

5. Abbina le frasi come nell'esempio.

Chiavi: **2** con f; **3** con e; **4** con b; **5** con a; **6** con d.

PERCORSO 2
ALLA STAZIONE

1. Osserva le immagini...

Chiavi: **1** Carta di credito; **2** indirizzo; **3** vino; **4** cartolina; **5** francobollo; **6** banca; **7** biglietto; **8** pizza; **9** gelato; **10** lettera.

2. Scrivi in lettere i numeri.

Chiavi: **1** azeta undici-zero-due; **2** cinque-tre-diciotto-nove-otto-sei; **3** diciassette-quattro-dodici-undici; **4** sette-uno-tredici-diciannove.

3. Completa...

Chiavi: **1** Come ti chiami?
2 Dove abiti?
3 Quanti anni hai?
4 Perché sei stanco?
5 Qual è il tuo indirizzo?
6 Dov'è il gatto?
7 Come torni a casa?
8 Di dove sei?

4. Riordina...

Chiavi: **1** Non ho il nuovo numero di telefono di Luisa.
2 A Venezia non ci sono molti cinema.
3 John è americano ma abita a Londra.

TEST

5. Completa...

Chiavi: Ahmed abita a Roma ma studia all'Università di Perugia, dove ha una piccola casa in affitto con un amico marocchino. Il fine settimana prende il treno e torna a Roma, dove lavora in un ristorante arabo. In treno scrive lettere ai suoi amici in Marocco.

PERCORSO 3
STUDIARE E LAVORARE

1. Completa il testo con gli articoli determinativi.

Chiavi: il; il; la; l'; il; lo; il; la.

2. Completa con le preposizioni *in*, *a*, o *per*.

Chiavi: in; a; per; a; per; a; in; a; per.

3. Completa il testo di queste cartoline con i verbi indicati.

Chiavi: a) sono, cerco, studio, faccio, stai, ascolti, ho, scrivo;
   b) stai, viviamo, cerchiamo, sappiamo, facciamo, scrive, finisce, torniamo.

4. Leggi questo testo e riordina le frasi della seconda colonna secondo il senso.

Chiavi:	D	E	H	F	B	G	C	A
	1	2	3	4	5	6	7	8

5. La segreteria telefonica di Paola non funziona molto bene. Completa il messaggio secondo il senso.

Chiavi: sono; chiamo; questa; amici; troviamo; vediamo; il; ragazzo; a.

PERCORSO 4
LA FAMIGLIA

1. In questa tabella...

A	I	N	S	A	F	Z	D	R	H	M
M	A	U	O	E	I	I	A	F	C	S
F	H	A	R	I	P	A	D	R	E	B
U	T	D	E	C	N	L	L	A	E	C
J	A	A	L	S	S	O	U	T	T	H
M	E	A	L	E	C	I	O	E	N	I
A	O	I	A	D	E	P	R	L	U	L
R	K	G	O	M	I	S	D	L	L	R
I	U	U	L	N	O	N	N	O	A	S
T	J	E	S	I	P	A	R	P	O	U
O	F	U	N	I	E	C	A	S	S	E

TEST

2. Osserva l'albero genealogico...

Chiavi: **1** Paola è sorella di Gino.
3 Gino è padre di Filippo.
5 Paola è madre di Maria.
7 Caterina è zia di Maria.
9 Marta e Filippo sono fratelli.
2 Maria è figlia di Francesco e Paola.
4 Marta e Filippo sono nipoti di Pietro e Luisa.
6 Maria è nipote di Gino e Caterina.
8 Pietro è nonno di Maria.
10 Filippo è figlio di Gino e Caterina.

3. Riordina le seguenti frasi.

Chiavi: **1** La casa di mia sorella è molto grande.
2 Questa sera viene a cena la mia amica Anna.
3 Sua madre è ancora giovane e sempre molto gentile.

4. Leggi i dialoghi...

Chiavi: **1** D; **2** A; **3** A.

5. Abbina le frasi...

Chiavi:	C	A	F	E	D	B
	1	2	3	4	5	6

6. In questo dialogo ci sono dieci errori.

Chiavi: **1** pronto; **2** chi; **3** sono; **4** sei; **5** questi; **6** a; **7** in; **8** questo; **9** posso; **10** ciao.

PERCORSO 5 LA CASA

1. Osserva le vignette e scrivi il nome degli oggetti...

Chiavi: **1** frigorifero; **2** quadro; **3** poltrona; **4** libreria; **5** lampadario; **6** armadio; **7** doccia; **8** divano; **9** letto; **10** cucina.

2. Osserva queste vignette.

Chiavi: Vignetta 1
a) il gatto è sul divano; b) il libro è sul tavolo; c) la valigia è sulla poltrona; d) la televisione è di fronte al divano; e) lo specchio è dietro alla poltrona; f) il quadro è vicino alla finestra.
Vignetta 2
a) il gatto è vicino alla porta; b) il libro è sulla sedia; c) la valigia è dietro il divano; d) la televisione è vicino al letto; e) lo specchio è vicino alla porta; f) il quadro è tra l'armadio e il letto.

3. Elimina la parola che non c'entra.

Chiavi: **1** balcone; **2** stereo; **3** bidè; **4** tetto.

TEST

4. Abbina la parola alla sua definizione.

Chiavi:	F	A	E	B	D
	2	3	4	5	6

5. Ordina il dialogo...

Chiavi: 8	CL	- Bene. Purtroppo però in luglio posso solo una settimana.
10	CL	- Dall'1 al 7 va bene.
6	CL	- E in luglio?
9	IMP	- La prima o la seconda?
5	IMP	- Lo so, ma purtroppo per agosto e settembre ormai non c'è più un posto. Venezia è piena di turisti...
4	CL	- Ma se siamo ancora in inverno!
3	IMP	- Mi dispiace, non c'è posto. Mi chiama troppo tardi.
11	IMP	- OK, allora, lei è il Signor...
7	IMP	- Sì, è fortunato. C'è una matrimoniale libera dall'1 al 15.
14	CL	- Grazie a lei, arrivederci.

PERCORSO 6
LA VITA QUOTIDIANA

1. In questa tabella...

Q	A	A	T	R	A	S	B	U	D	S
U	U	A	S	V	O	L	T	E	A	N
A	M	F	S	A	D	B	T	H	P	S
S	I	L	S	P	C	N	R	N	O	E
I	D	O	F	N	E	F	H	V	L	M
B	A	I	A	M	N	S	N	S	C	P
M	H	I	A	H	M	B	S	A	H	R
A	B	R	O	R	T	V	P	O	F	E
I	A	I	L	C	H	C	O	C	V	D
R	F	L	D	I	S	O	L	I	T	O
Z	V	N	O	L	P	N	M	G	N	I

2. Completa i dialoghi con l'aggettivo o il pronome possessivo come nell'esempio.

Chiavi: 2 - Signor Dusi, sono queste le sue chiavi?
  - Sì, sono proprio le mie grazie.
3 - I tuoi genitori sono italiani?
  - Mia madre sì, di Bologna, mio padre, invece, è marocchino.
4 - Vieni spesso in questo bar?
  - No, qualche volta di sabato, con il mio ragazzo.
5 - Allora, vengono Sandro e Chiara?
  - Sì, vengono con i loro amici di Boston.
6 - Anche i vostri vicini sono così rumorosi?
  - No, i nostri per fortuna sono quasi sempre in viaggio.
7 - È veramente un grande artista. I suoi quadri mi piacciono molto.
  - Anche a me, ma sono un po' troppo cari per le mie possibilità economiche.

TEST

3. Associa correttamente domanda e risposta...

Chiavi:	F	G	D	A	E	B
	2	3	4	5	6	7

5. Completa il testo...

Chiavi: Laura e Gino si svegliano sempre alle sette. Lei fa subito la doccia, lui invece prepara il caffè. Poi fanno colazione insieme. Mentre Gino si lava, Laura rifà il letto e si veste poi, verso le otto, escono insieme. Laura lavora all'ospedale come medico. Spesso la sera torna a casa tardi, ma il suo lavoro le piace molto. Gino invece è architetto e di solito la mattina accompagna sua moglie al lavoro. Poi va nello studio dove lavora con altri due colleghi. Qualche volta, se Laura ha tempo, pranzano insieme in una trattoria vicino all'ospedale. Gino finisce di lavorare verso le cinque. Arriva sempre a casa prima di sua moglie, verso le sette, e prepara la cena. Ha la passione della cucina ed è un cuoco molto bravo. A volte invitano amici e spesso il fine settimana vanno al cinema o a qualche concerto, soprattutto di jazz o blues.

6. Controlla l'orario...

Chiavi:1) Prendo il treno che parte da Venezia alle dodici e trenta e arriva a Rovigo alle tredici e ventisei. Poi prendo il treno che parte da Rovigo alle quindici e ventisei per essere a Roma alle diciannove e cinque.
2) Laura deve uscire alle diciassette e prendere il treno delle diciassette e quarantacinque.
3) Stefano parte alle diciassette e dieci.

PERCORSO 7 IL CIBO, AL RISTORANTE

1. Leggi gli ingredienti...

	Del	Dello	Della	Dell'	Dei	Degli	Delle
pomodori					X		
mozzarella			X				
cipolla			X				
peperoni					X		
sedano	X						
zucchine							X
carote							X

	Del	Dello	Della	Dell'	Dei	Degli	Delle
spaghetti						X	
aglio				X			
olio di oliva				X			
sale	X						
pepe	X						
prezzemolo	X						

TEST

	Del	Dello	Della	Dell'	Dei	Degli	Delle
mele							X
farina			X				
zucchero		X					
uova							X
lievito	X						
latte	X						
limone	X						
burro	X						

2. Metti in ordine le seguenti frasi.

Chiavi: **1** Il fine settimana vado spesso in pizzeria con gli amici.
2 Vorrei due etti di prosciutto e un pacco di zucchero.
3 A pranzo di solito prendiamo un primo e dei contorni.
4 La casa di Paolo è la quinta a destra dopo la banca.

3. Associa i dialoghi alle vignette.

Chiavi:	A	B	D	F	H	G
	1	2	3	4	5	6

4. Leggi questi consigli...

Chiavi:	E	A	D	C	B	F
	1	2	3	4	5	6

5. Associa le parole...

Chiavi: **1** Io faccio sempre la spesa al mercato.
2 Voi pranzate sempre al ristorante.
3 I miei genitori vengono da Milano, ma io preferisco vivere a Roma.
4 Io e Franco andiamo raramente al cinema.
5 Marco e Luisa vivono a Firenze da un anno.
6 Lei non va mai a lavorare il sabato.
7 Il mio amico esce spesso la sera con la sua ragazza.
8 Tu hai bisogno di una vacanza.

TEST

PERCORSO 8
IL TEMPO LIBERO

1. Leggi gli appunti...

Chiavi: **1** Lunedì mattina Luisa ha pagato il telefono.
2 Martedì sera è andata al cinema.
3 Mercoledì mattina ha chiamato l'idraulico.
4 Mercoledì pomeriggio ha avuto una riunione in ufficio.
5 Giovedì pomeriggio ha preso appuntamento con il dentista.
6 Giovedì sera è venuta Paola.
7 Venerdì mattina è andata a fare le spese.
8 Venerdì pomeriggio ha chiamato Paola.
9 Sabato sera è andata a cena da Mario.
10 Domenica mattina è andata a giocare a tennis.

2. Le lettere del participio passato...

Chiavi: **2** risposto; **3** vinto; **4** piaciuto; **5** chiesto; **6** vissuto; **7** deciso; **8** rimasta.

3. Metti in ordine le seguenti frasi.

Chiavi: **1** L'anno scorso in primavera Maria è stata a Londra.
2 Paola mi ha telefonato due giorni fa di sera.
3 La settimana scorsa non ho avuto molto tempo libero.
4 A Michela è piaciuta molto la cena con le amiche.

5. Trova i participi.

A	C	O	R	S	O	U	D	S	A	T	V	O
S	I	O	F	D	S	A	B	N	V	R	O	R
I	N	C	S	F	N	E	C	H	I	A	A	O
U	L	R	D	A	A	V	C	S	S	D	L	P
M	U	N	R	D	T	O	A	R	B	O	T	O
U	N	I	R	S	O	F	F	E	R	T	O	A
O	N	D	E	S	T	A	R	R	E	T	N	U
B	R	A	S	T	I	N	A	T	O	O	S	E
N	O	E	U	S	S	A	R	I	E	N	N	A
O	M	S	C	T	I	S	S	C	E	L	T	O
N	A	I	C	F	I	O	B	O	S	D	T	R
L	A	V	E	C	R	A	M	T	U	T	C	A
C	A	R	S	T	C	H	I	T	U	N	O	R
P	R	I	S	P	O	S	T	O	A	C	T	E
U	N	S	O	A	N	E	I	L	R	A	T	O
P	O	T	S	A	C	C	T	L	E	T	T	O

6. Come passano queste persone il loro tempo libero...

Chiavi:	D	H	E	G	A	C
	2	3	4	5	6	7

TEST 1-2-3

1. Completa il dialogo con i pronomi personali soggetto: *io*, *tu*, *lei*, *lui*.

- Scusi, ... è il signor Ferri?
- Sì sono .... , piacere.
- Piacere, mi chiamo Arreghini, Albert Arreghini.
- Ah! .... sei il ragazzo che ha prenotato una camera...
- Sì, sono ....
- Ma sei americano o italiano?
- .... sono americano. Mio padre è italiano, ma .... abita a New York da molti anni.

.... / 6

2. Due studenti si incontrano in un corso di italiano. Completa il dialogo seguente con le forme corrette dei verbi essere, chiamarsi, studiare.

Hugo: - Ciao, io sono Hugo, tu come ti .... ?
Christian: - Piacere, mi .... Christian. .... portoghese?
Hugo: - No, ... brasiliano, di Rio de Janeiro.
Christian: - Ah, bellissimo! Io invece abito a Vienna con la mia ragazza si .... Irene.
              - Anche lei .... italiano, ma lei parla molto bene, ... molto intelligente.
Hugo: - Tu perché .... italiano?
Christian: - Come scusa? Perché io .... italiano? Per stare vicino a Irene!

.... / 9

3. Completa con le forme del verbo *essere* o *avere*.

1 Isabelle e Pierre .... di nazionalità francese.
2 Gianni .... una camera molto grande in un appartamento con altri studenti.
3 Voi perché .... in Italia?
4 Noi non .... turisti, ... studenti.
5 Scusa, ... l'indirizzo di Paola? Io non ce l' ....
6 Scusa, ... tu Margit Shultz?
7 Dove .... l'ufficio informazioni?

.... / 6

4. Trasforma al plurale.

1 Maria è una ragazza italiana
  Maria e Luisa ....
2 In classe c'è un ragazzo marocchino
  In classe ....
3 Tu sei inglese o americano?
  ....

.... / 3

5. Abbina il nome con l'articolo indeterminativo *un*, *una*, *un*, *uno*.

	telefono
	acqua minerale
	straniero
Un	lettera
Uno	agenzia
Una	indirizzo
Un'	italiana
	numero
	amico
	studente

.... / 9

TEST 1-2-3

6. Osserva nel riquadro alcune abbreviazioni di un dizionario italiano e abbinale nella tabella con la parola corrispondente.

Ristorante	s.	m.	sing.
Vecchio			
Agenzie			
Carta di credito			
Brutta			
Cartoline			
Francobolli			
Regalo			
Banche			
Bello			
Uscita			
Nuovi			
Biglietto			

abbreviazioni	
s.	sostantivo
m.	maschile
f.	femminile
agg.	aggettivo
pl.	plurale
sing.	singolare

.... / 12

7. Completa le frasi con la forma corretta del verbo tra parentesi.

1 Anna e Franco (avere) .... un negozio di moda, (vendere) .... vestiti.
2 Maria (lavorare) .... a casa, (essere) .... casalinga.
3 Hans e Birgit (studiare) .... a Perugia, (imparare) .... l'italiano.
4 Voi (sapere) .... il numero di telefono di Gianna?
5 Cosa (fare/voi) .... stasera?
6 (Sentire) .... , scusa come ti (chiamarsi) .... ?
7 Io e Carlo (fare) .... spesso viaggi insieme.

.... / 11

NOME:	
DATA:	
CLASSE:	

TOTALE   .... / 59 + 1

(59 item più 1 punto bonus se tutto perfetto)

TEST 4-5-6

1. Osserva le vignette e completa i dialoghi con gli aggettivi dimostrativi o possessivi.

1 - Scusa Marta, è tuo .... libro?
   - No, forse è di .... fratello.

2 - .... quadri sono veramente molto belli!
   - Sì, gli impressionisti sono i .... pittori preferiti.

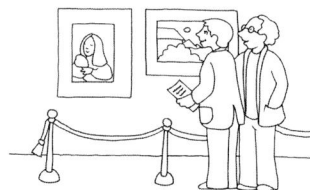

3 - Paolo, hai il numero di telefono di .... ragazza
   che lavora in un negozio di computer?
   - No, però forse ho il .... indirizzo E-mail.

4 - Chi sono .... ragazze insieme a .... sorella?
   - Sono due .... compagne di classe.

5 - Ciao Franca sono Lia, vieni a cena a casa .... sabato? Faccio una festa.
   - Mi dispiace, ma sabato sono a cena dai .... genitori.

6 - .... risotto è veramente ottimo!
   - Anche i .... spaghetti sono molto buoni.

7 - Francesca, abiti lontano?
   - No, abito in .... casa gialla in fondo alla strada,
   vicino a .... alberi.

.... / 15

TEST 4-5-6

2. Completa il testo con le preposizioni articolate.

La biblioteca universitaria apre tutti i giorni .... lunedì .... venerdì, ... 8.30 ....19. Il sabato, invece solo la mattina, fino .... una. Per ordinare .... libri o .... fotocopie chiedere .... ufficio prestiti .... primo piano, in fondo .... corridoio di fronte .... cabina telefonica.

.... / 11

3. In questa tabella si nascondono sette forme verbali. Trovale e scrivile nella tabella con il pronome personale e l'infinito. Osserva l'esempio.

A	N	G	R	S	G	L	P	I	O
L	E	T	R	B	V	A	O	B	D
L	E	G	G	I	U	E	S	C	I
N	B	A	B	C	R	V	S	A	T
U	M	A	V	I	D	T	O	N	E
N	A	N	I	G	D	V	N	R	A
A	V	E	N	I	A	M	O	B	I
C	A	G	C	U	E	I	R	L	O
E	N	B	E	D	A	V	U	N	S
R	N	T	G	V	E	N	G	O	P
B	O	G	S	F	V	R	A	V	O

PRONOME	VERBO	INFINITO
Io	vengo	venire

.... / 7

NOME:

DATA:

CLASSE:

TOTALE   .... / 33

TEST 7-8

1. Leggi e completa il testo con i verbi del riquadro.

Dieci giorni fa ....*ho ricevuto*........ una lettera con un biglietto con scritto: "Complimenti! Lei (2) .... un week-end di sport presso il Centro Natura e Salute"...Poi l'indirizzo e il numero di telefono. Così (3) .... e mi (4) .... tutto, ma non mi hanno voluto dire come mai hanno dato questo premio proprio a me. (5) ...., curiosa di saperne di più e quando (6) .... là, (7) .... molte altre persone che come me avevano vinto un week-end presso quel centro. La cosa si è fatta subito misteriosa: mi hanno dato una stanza e la chiave... (8) .... nella mia camera e curiosa come sempre, dietro la porta (9) .... un cartello con i prezzi: per la pensione completa il prezzo era di 60 euro al giorno comprese le attività sportive. Invece il prezzo della pensione completa della seconda possibilità dal nome abbastanza chiaro "prezzo week-end di sport gratuito" era di 45 euro, ma gli sport naturalmente erano gratuiti.
Ti puoi immaginare la mia rabbia e la velocità con cui me ne sono andata via... Ho ripreso i miei documenti e, urlando, (10) .... Gli altri "vincitori" probabilmente hanno fatto la stessa cosa...

| ricevere, salire, ripartire, vincere, vedere, confermare, trovare, telefonare, arrivare, partire |

.... / 9

2. Completa questa lettera con le forme del passato prossimo dei verbi nel riquadro. Osserva l'esempio.

Cara Marta, finalmente ....*siamo arrivati*...... a Venezia. Il viaggio .... molto lungo. Sulla strada .... molto traffico. .... subito il nostro albergo, ma .... la strada un sacco di volte. Qui è tutto un labirinto. Per fortuna .... informazioni a un signore gentile che ci .... fino alla porta. Ieri .... una pianta della città e .... a vedere i monumenti più importanti. .... palazzi e chiese meravigliose, ma c'è tanto da vedere e con Franco .... di rimanere qualche giorno in più. Oggi .... un giro per la Giudecca, un'isola dove vive molta gente, ma molto tranquilla, senza troppi turisti. Adesso siamo in albergo perché siamo molto stanchi, ci .... molto presto e .... per tutta la città in lungo e in largo per vedere tutto il possibile.
Bene, scusa se non ti .... prima, se vuoi puoi rispondere a questo stesso indirizzo e-mail, è quello dell'albergo dove stiamo.
Gina e Franco

| arrivare, fare, trovare, vedere, perdere, chiedere, alzarsi, cercare, accompagnare, essere, andare, decidere, scrivere, comprare, correre. |

.... /14

| NOME: |
| DATA: |
| CLASSE: |

TOTALE .... / 23

CHIAVI TEST 1-2-3

1. Completa il dialogo con i pronomi personali soggetto *io, tu, lei, lui*.

Chiavi: Lei; io; tu; io; Io; lui.

2. Completa il dialogo seguente con le forme corrette dei verbi essere, chiamarsi, studiare.

Chiavi: Sono; chiami. Chiamo; sei. Sono. Chiama. Studia; è. Studi. Studio.

3. Completa con le forme del verbo *essere* o *avere*.

Chiavi:	**1** sono	**2** ha
	3 siete	**4** siamo, siamo
	5 hai, ho	**6** sei
	7 è	

4. Trasforma al plurale.

Chiavi:	**1** Maria è una ragazza italiana.	Maria e Luisa sono due ragazze italiane.
	2 In classe c'è un ragazzo marocchino.	In classe ci sono due ragazzi marocchini.
	3 Tu sei inglese o americano?	Voi siete inglesi o americani?

5. Abbina il nome con l'articolo indeterminativo *un, una, un, uno*.

Chiavi:	un'acqua minerale	uno straniero	una lettera
	un'agenzia	un indirizzo	un'italiana
	un numero	un amico	uno studente

6. Osserva nel riquadro alcune abbreviazioni di un dizionario italiano e abbinale con la parola corrispondente.

Chiavi:	ristorante	s.	m.	sing.
	vecchio	agg.	sing.	m.
	agenzie	s.	f.	pl.
	carta di credito	s.	f.	sing.
	brutta	agg.	f.	sing
	cartoline	s.	f.	pl.
	francobolli	s.	m.	pl.
	regalo	s.	m.	sing.
	banche	s.	f.	pl.
	bello	agg.	sing.	m.
	uscita	s.	f.	sing.
	nuovi	agg.	pl.	m.
	biglietto	s.	m.	sing.

7. Completa le frasi con la forma corretta del verbo tra parentesi.

Chiavi:	**1** hanno, vendono	**5** fate
	2 lavora, è	**6** senti; chiami
	3 studiano; imparano	**7** facciamo
	4 sapete	

CHIAVI TEST 4-5-6

1. Osserva le vignette e completa i dialoghi con gli aggettivi dimostrativi o possessivi.

Chiavi:	1	questo, mio
	2	questi, miei
	3	quella, suo
	4	quelle, tua, sue
	5	mia, miei
	6	questo, miei
	7	quella, quegli

2. Completa il testo con le preposizioni articolate.

Chiavi: Dal; al; dalle; alle; all'; dei; delle; all'; al; al; alla.

3. In questa tabella si nascondono sette forme verbali. Trovale e scrivile nella tabella con il pronome personale e l'infinito. Osserva l'esempio.

PRONOME	VERBO	INFINITO
io	vengo	venire
tu	leggi	leggere
noi	veniamo	venire
loro	vanno	andare
lui/lei	vince	vincere
loro	possono	potere
tu	esci	uscire
voi	dite	dire

1. Leggi e completa il testo con i verbi del riquadro.

Chiavi: **2** ha vinto; **3** ho telefonato; **4** hanno confermato; **5** sono partita; **6** sono arrivata; **7** ho trovato; **8** sono salita; **9** ho visto; **10** sono ripartita

2. Completa questa lettera con le forme del passato prossimo dei verbi nel riquadro. Osserva l'esempio.

Chiavi: È stato; abbiamo trovato; abbiamo cercato; abbiamo perso; abbiamo chiesto; ha accompagnato; abbiamo comprato; siamo andati; abbiamo visto; abbiamo deciso; abbiamo fatto; ci siamo alzati; abbiamo corso; abbiamo scritto.

Marco Mezzadri   Paolo E. Balboni

Rete! JUNIOR

Corso multimediale d'italiano per stranieri

[parte A]

Chiavi
del libro dell'approfondimento

Guerra Edizioni

CHIAVI DEL LIBRO DELL'APPROFONDIMENTO

PERCORSO 1 — IN VIAGGIO

SCRIVERE

1. Scrivi 3 frasi su di te.

Chiavi: varie possibili risposte.

2. Riscrivi il dialogo in registro formale.

Chiavi:	
a Buongiorno.	b Graham, è un po' complicato!
b Buongiorno.	c E Lei come si chiama?
a Questo è Graham Ford.	b Paolo Sarti. È inglese?
b Piacere. Scusi, come si chiama?	c No, irlandese.
c Graham Ford.	b Studia in Italia o è qui per turismo?
b Come si scrive il nome?	c Sono qui per lavoro.
c G.r.a.h.a.m.	b Bene, forse ci vediamo in città. Arrivederci.

LESSICO

1. Dividi le parole del riquadro in tre gruppi.

Chiavi:

tedesco	chiamarsi	ciao
italiano	essere	buongiorno
francese	studiare	arrivederci

2. Riordina le lettere per formare delle parole.

Chiavi: **1** nome; **2** come; **3** bene; **4** domande; **5** inglese; **6** italiano; **7** turismo.

RIFLESSIONE GRAMMATICALE

1. Completa le frasi con il soggetto.

Chiavi: **1** tu; **2** lei; **3** lui, io, **4** lei; **5** lui; **6** io.

2. Completa le frasi con il verbo essere, studiare o chiamarsi.

Chiavi: **1** è; **2** è; **3** è, studia; **4** chiama; **5** è; **6** chiamo; **7** chiamo, sei, **8** sono, sei; **9** sono, studio; **10** studio.

3. Riordina le frasi.

1 Mi chiamo John e sono irlandese. **2** Lei si chiama Alessandra e è di Napoli.
3 Mario è portoghese e studia italiano a Perugia. **4** Lei è brasiliana e io sono francese.
5 Lei si chiama Claudia, è spagnola e è di Madrid. **6** Tu ti chiami Andreas. Sei tedesco?

4. Rispondi alle domande.

Chiavi: **2** No, è americano; **3** No, è cinese; **4** No, sono portoghese.

5. Fa' le domande.

Chiavi: **2** Come ti chiami?; **3** Studi italiano?; **4** Di dove sei?

6. Trasforma le domande da informali a formali.

Chiavi: **2** Come si chiama?; **3** Studia italiano?; **4** Di dov'è?

9. E per finire... gioca!

Chiavi: **1** palestinese; **2** giapponese; **3** brasiliano; **4** americano; **5** italiano; **6** portoghese; **7** inglese; **8** francese; **9** spagnolo; **10** irlandese; **11** cinese; **12** tedesco.

PERCORSO 2 ALLA STAZIONE

SCRIVERE

1. Leggi gli annunci...

Chiavi: 3.

LESSICO

1. Metti il nome del paese e della capitale.

Chiavi: **2** Inghilterra Londra; **3** Francia Parigi; **4** Spagna Madrid; **5** Turchia Ankara; **6** Giappone Tokyo; **7** Cina Pechino; **8** Brasile Brasilia.

2 Fa' delle frasi con i paesi e le città dell'esercizio 1.

Chiavi: **2** Londra è in Inghilterra; **3** Parigi è in Francia; **4** Madrid è in Spagna; **5** Ankara è in Turchia; **6** Tokyo è in Giappone; **7** Pechino è in Cina; **8** Brasilia è in Brasile.

3. Scrivi i nomi degli oggetti.

```
                                      S
    C       V                B I G L I E T T O
    A       I                    E                    L
 F  R  A  N  C  O  B  O  L  L  O                      D
    T       O                    A            P  I  Z  Z  A
    O                C           T            A
    L  E  T  T  E  R  A           O            S
    I                F                         T
    N                F                         A
    A  C  Q  U  A                 È
```

RIFLESSIONE GRAMMATICALE

1. Completa le frasi con il verbo *essere*.

Chiavi: **1** è; **2** sei; **3** sono; **4** sei; **5** sono; **6** è.

2. Metti le frasi dell'esercizio 1 alla forma negativa.

Chiavi: 1 non è; 2 non sei; 3 non sono; 4 non sei; 5 non sono; 6 non è.

3. Metti le frasi al plurale.

Chiavi: **2** Jim e Tom sono di Londra; **3** tu e Lucia siete belle; **4** all'aeroporto ci sono cinque ristoranti.

4. Trova l'errore.

Chiavi: **2** un ristorante italiano; **3** una ragazza portoghese; **4** un gelato grande; **5** una carta di credito americana; **6** un amico tedesco.

5. Forma delle frasi.

Chiavi: **1** A Roma c'è un aeroporto.
2 A casa mia c'è un bagno.
3 Nel ristorante c'è un tavolo.
4 A scuola c'è un telefono.
5 All'aeroporto c'è una banca.
6 A Venezia c'è un ristorante cinese.

7. Indica il plurale dei nomi.

Chiavi: biglietti del treno; gelati; cartoline; pizze; banche; stazioni ferroviarie; carte di credito; ristoranti; aeroporti.

8. Completa la tabella...

Chiavi: nuovi, nuove, vecchia, vecchi, vecchie; bella, belli, belle; brutta, brutti, brutte.

9. Fa' le domande.

Chiavi: **1** Come si scrive il tuo cognome/Caballero? **2** Di dove siete? **3** Quanti anni hai? **4** Dove vivi?
5 Come si chiama? **6** Come si dice "macchina" in inglese? **7** Qual è il tuo/suo numero di telefono?
8 Perché sei/è in Italia?

10. Rendi formali le domande.

Chiavi: **2** Di dove è? **3** Come si chiama? **4** Dove abita? **5** Perché è in Italia?

PERCORSO 3 STUDIARE E LAVORARE

LEGGERE

1. Leggi le offerte di lavoro e rispondi alle domande.

	1	2	3
1 Che tipo di lavoro è?	Rappresentante di prodotti di moda made in Italy.	Impiegata.	Non si sa. Cercano giovani per villaggi vacanze.
2 Com'è lo stipendio?	Interessante	Secondo le capacità.	1000 USD al mese.
3 Quanto dura il lavoro?	È a tempo indeterminato.	2 anni.	La stagione turistica da aprile a ottobre.
4 Quali caratteristiche richiedono?	La persona ideale ha tra i 30 e i 40 anni, è residente in Toscana e ama viaggiare in Italia e all'estero. Può vivere all'estero per almeno 4 mesi all'anno, parla l'inglese e il francese, ha minimo 5 anni di esperienza nel settore.	Perfetta conoscenza dell'inglese e di programmi informatici per la gestione dell'ufficio.	Età tra i 20 e i 30 anni; passione per i viaggi; essere sportivi; amore per la gente; desiderio di imparare una lingua straniera.
5 Come si chiama la ditta?	Scarpa&Co.	Casamia import-export.	I villaggi vacanze La spiaggia dorata.
6 Qual è il numero di telefono?	Non si sa.	067834209.	Non si sa.
7 Dov'è la ditta?	Firenze.	Roma.	Non si sa.

LESSICO

1. Abbina le figure ai nomi dei lavori.

Chiavi: **1** meccanico; **2** barbiere; **3** studente; **4** cameriere; **5** contadino; **6** insegnante.

2. Trova i lavori.

```
A  M  S  K  B  C  L  O  M  A  B  T  R  H  H  I  C  Q  H
B  U  A  S  A  L  I  N  G  A  E  R  C  I  I  M  I  G  I
A  Y  A  R  I  C  A  S  M  I  V  A  R  A  Z  I  P  S  A  A
I  T  O  V  C  O  M  M  E  S  S  A  V  L  L  I  E  L  X  U
S  R  E  U  S  T  E  G  C  L  I  B  D  L  L  E  L  X  P
C  E  A  O  O  T  I  L  C  A  S  A  L  I  N  G  A  A  P
F  G  R  M  A  M  E  R  A  J  U  D  I  F  F  A  F  F  T
U  I  E  A  A  A  P  I  N  C  E  M  U  R  A  T  O  R  E
C  O  N  R  I  C  O  M  I  D  R  M  I  U  U  O  R  E  S
E  R  N  E  M  E  D  I  C  O  E  B  V  O  R  U  U  U  I
U  N  O  R  T  L  Z  Z  O  D  G  N  O  T  L  O  V  P  O
P  A  C  A  T  L  R  A  O  I  A  N  O  U  Q  U  T  T  M
N  L  O  S  I  A  I  L  E  R  E  R  N  O  S  T  E  K  F
C  A  M  E  R  I  E  R  E  I  O  Z  U  S  C  X  O  S  I
A  I  T  P  T  O  H  U  A  D  F  Z  B  L  N  E  R  I  C
G  O  Q  F  B  V  I  I  C  F  G  W  M  K  P  D  T  O  A
```

3. Trova la definizione giusta.

Chiavi: 2\e; 3\d; 4\c; 5\a.

RIFLESSIONE GRAMMATICALE

1. Da' il nome alle figure. Usa l'articolo determinativo.

Chiavi: 2 l'uomo; 3 il bambino; 4 lo studente; 5 l'indirizzo; 6 il gelato; 7 la donna; 8 il francobollo; 9 la foto; 10 il cliente; 11 il biglietto del treno; 12 l'autobus.

2. Metti l'articolo determinativo.

Chiavi: 2 l'; 3 il; 4 l'; 5 l'; 6 lo; 7 il; 8 l'; 9 la; 10 lo; 11 l'; 12 l'; 13 lo; 14 il; 15 il; 16 l'; 17 la; 18 il; 19 la; 20 l'.

3. Scrivi le persone singolari dei verbi.

lavorare	io lavoro	parlare	io parlo
	tu lavori		tu parli
	lui/lei lavora		lui/lei parla
vendere	io vendo	abitare	io abito
	tu vendi		tu abiti
	lui/lei vende		lui/lei abita
scrivere	io scrivo	vivere	io vivo
	tu scrivi		tu vivi
	lui/lei scrive		lui/lei vive
finire	io finisco	sentire	io sento
	tu finisci		tu senti
	lui/lei finisce		lui/lei sente

4. Scrivi le persone plurali dei verbi.

lavorare	noi lavoriamo	scrivere	noi scriviamo	parlare	noi parliamo	vivere	noi viviamo
	voi lavorate		voi scrivete		voi parlate		voi vivete
	loro lavorano		loro scrivono		loro parlano		loro vivono
vendere	noi vendiamo	finire	noi finiamo	abitare	noi abitiamo	sentire	noi sentiamo
	voi vendete		voi finite		voi abitate		voi sentite
	loro vendono		loro finiscono		loro abitano		loro sentono

5. Scrivi il verbo nella forma corretta.

Chiavi: **1** Sandro non sa l'italiano. **2** Jorge fa l'insegnante. **3** Cosa fate tu e Catia domani? **4** Che lavoro fanno Giovanni e Alice? **5** Mia moglie e io sappiamo molte lingue.

6. Completa le frasi con un verbo del riquadro.

Chiavi: **1** ho; **2** lavora; **3** vive; **4** sa; **5** faccio; **6** ascolti; **7** ha; **8** risponde; **9** torna; **10** finisci.

7. Metti al plurale i verbi dell'esercizio 6.

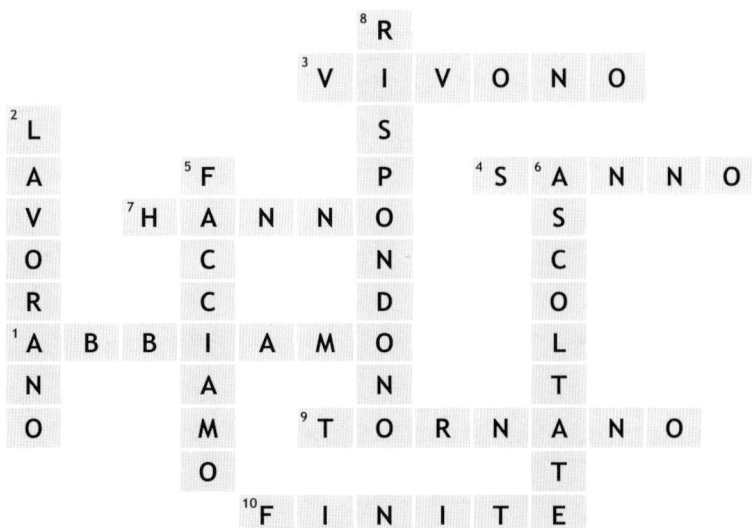

(cruciverba)

3 VIVONO
4 SANNO
7 HANNO
1 ABBIAMO
9 TORNANO
10 FINITE

8. Forma delle frasi.

Chiavi: **1** Qual è il tuo indirizzo? **2** La tua nuova casa è molto carina. **3** Il nuovo libro di Baricco è interessante. **4** Camilla studia all'Università di Venezia. **5** Sam e Tom vivono a Milano. **6** Ascoltate spesso musica italiana? **7** Quando Giovanna studia, ascolta la radio. **8** Andrea fa il medico, lavora in ospedale/Andrea lavora in ospedale, fa il medico.

9. Metti la preposizione.

Chiavi: **2** Il mio ufficio è in Via L. Da Vinci 3.
3 Alberto è in vacanza in Portogallo, a Lisbona.
4 Sono a casa in vacanza per 4 giorni.
5 In Piazza di Spagna a Roma c'è un piccolo bar molto carino.
6 Karl ha un nuovo lavoro in Pakistan per due anni.

10. Metti il verbo.

Chiavi: **2** Klaus fa il muratore, costruisce case,
3 (Io) ascolto spesso la musica, quando sono a casa.
4 Laura legge molto: libri, giornali, ecc.
5 Parlate inglese? No, ma vogliamo fare un corso all'università per quattro mesi.
6 Il macellaio vende la carne.

11. Correggi gli errori.

Chiavi: **2** fa; **3** sono; **4** avete, sappiamo; **5** sono; **6** partono.

CIVILTÀ

Chiavi: Venezia gondoliere; Puglia contadino; Roma impiegata; Milano responsabile sistemi informatici; Napoli pizzaiolo; Firenze guida turistica; Torino operaio.

PERCORSO 4 LA FAMIGLIA

LESSICO

1. Completa l'albero genealogico di Silvia con le parole del riquadro.

Chiavi: nonna, nonno; madre, padre, (genitori); zio, zia; sorella, fratello; marito; figlia, figlio.

2. Scrivi le operazioni in lettere.

Chiavi: **2** sessantadue meno quarantacinque uguale diciassette, **3** sette per otto uguale cinquantasei, **4** trentaquattro più sessanta uguale novantaquattro, **5** quindici per quattro uguale sessanta, **6** settantadue diviso otto uguale nove.

3. Elimina la parola che non va bene.

Chiavi: **1** andare; **2** casa; **3** zio (unica parola maschile); **4** certamente; **5** vai; **6** impiegato.

4. Sammy ha qualche problema con la famiglia! Correggi le sue frasi.

Chiavi: varie risposte possibili. **1** mio padre; **2** mia sorella, cugina, figlia; **3** sorella, moglie, cugina; **4** mio nonno, zio; **5** moglie; **6** fratello, cugino, figlio.

5. La staffetta. Ogni parola "rincorre" le altre secondo questo testo:

Chiavi: ragazza; marito; moglie; figlia; nipoti; nonni.

FUNZIONI

1. Fa' delle domande ai genitori di Sandro.

Chiavi: **2** Dove abitate? **3** Quanti anni avete? **4** Che lavoro fate? **5** Avete dei figli?

RIFLESSIONE GRAMMATICALE

1. Completa con l'articolo determinativo.

1	l'	acqua	11	la	libertà
2	l'	aeroporto	12	la	lingua straniera
3	l'	amica	13	la	madre
4	la	commessa	14	il	meccanico
5	l'	esperienza	15	il	numero di telefono
6	l'	età	16	il	padre
7	il	francobollo	17	lo	psicologo
8	l'	idraulico	18	lo	studente
9	l'	indirizzo	19	la	via
10	l'	insegnante	20	lo	zio

2. Metti al plurale i nomi dell'esercizio 1 e aggiungi gli articoli.

1	le	acque	11	le	libertà
2	gli	aeroporti	12	le	lingue straniere
3	le	amiche	13	le	madri
4	le	commesse	14	i	meccanici
5	le	esperienze	15	i	numeri di telefono
6	le	età	16	i	padri
7	i	francobolli	17	gli	psicologi
8	gli	idraulici	18	gli	studenti
9	gli	indirizzi	19	le	vie
10	gli	insegnanti	20	gli	zii

3. Metti l'articolo determinativo dove necessario.

Chiavi: La mia famiglia è molto numerosa. Ho due fratelli e una sorella. Sono tutti sposati e hanno figli.
Mia madre è in pensione e passa il suo tempo con Alice, la figlia di mio fratello Giovanni.
Alice è una bambina molto carina, sempre felice: ha solo un anno e mezzo. Da quando c'è lei la
vita della famiglia è diversa: è molto più bello andare a mangiare insieme in una pizzeria o
andare a cena a casa di mia madre.

4. Completa le frasi.

Chiavi: **1** mia; **2** suo; **3** mia; **4** sua; **5** suo; **6** tua; **7** mio; **8** tuo.
A volte sono possibili più soluzioni con i possessivi.

5. Metti le frasi al plurale. Trasforma le parole in corsivo.

2 Alida è bassa e grassa. I suoi figli sono alti e magri.
3 Domani vado all'aeroporto a prendere le mie cugine che vivono a Chicago.
4 Carlo è molto simpatico e le sue amiche sono molto carine.
5 Abel è contento perché sono pronti i suoi nuovi quadri.
6 Scusa Antonio, dove sono le tue sorelle?
7 Sono contento dei miei nuovi libri.
8 Tu sei una madre meravigliosa e i tuoi figli sono bambini molto intelligenti.

6. Fa' delle domande come nell'esempio.

Chiavi: **2** Di chi è questa riga? **3** Di chi è questa matita? **4** Di chi sono questi libri?
5 Di chi sono questi quaderni? **6** Di chi sono questi uffici?

7. Completa le frasi con il verbo tra parentesi.

Chiavi: **1** sa; **2** puoi; **3** vai; **4** sa; **5** so; **6** posso.

8. Metti le frasi dell'esercizio 7 al plurale.

Chiavi: **1** sanno, **2** potete, **3** andate, **4** sapete, **5** sappiamo, **6** possiamo.

9. Forma delle frasi mettendo un verbo dal riquadro.

Chiavi: **2** Puoi passarmi l'acqua per favore? | **3** Michela non sa l'inglese molto bene.
4 Stasera vado a mangiare una pizza con mia moglie. | **5** Voi andate a lavorare in macchina o in treno?
6 Tuo padre fa il medico?

10. Completa il cruciverba con i verbi del riquadro. Attenzione! Devi coniugarli.

PERCORSO 5
LA CASA

LESSICO

2. Trovate l'oggetto.

Chiavi: **1** bidè; **2** porta; **3** radio; **4** quadro; **5** libreria; **6** forno; **7** tavolo; **8** poltrona.

3. Scrivi le date.

1 primo giugno duemilacinque; **2** otto ottobre millenovecentottantasette; **3** dodici ottobre millequattrocentonovantadue; **4** diciassette aprile duemilauno; **5** primo gennaio millenovecentosessantatre; **6** nove luglio millesettecentottantanove; **7** diciannove novembre millenovecentotrentasette; **8** ventotto dicembre millenovecentodiciassette.

4. Trova il colore.

Chiavi: **1** verde; **2** rosso; **3** azzurro; **4** marrone; **5** nero; **6** giallo.

5. Crucimese.

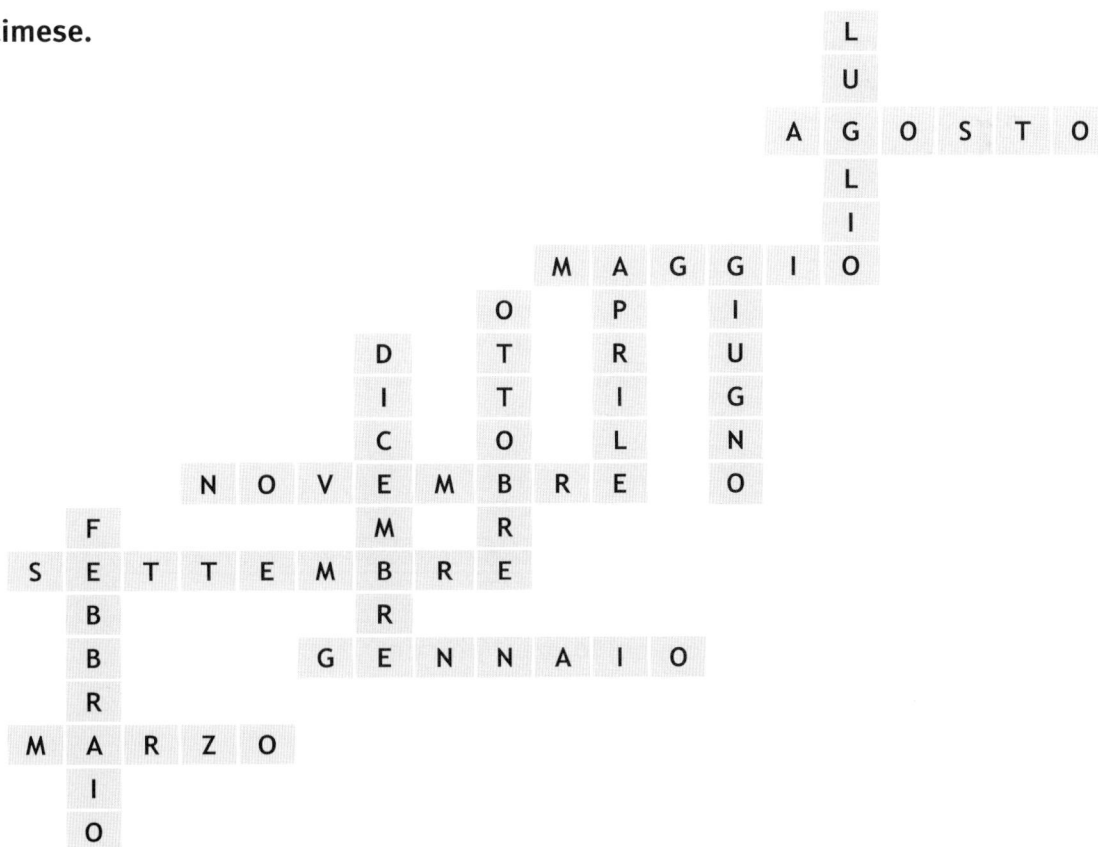

LEGGERE

1. Leggi le descrizioni delle case e abbinale alle foto.

Chiavi: **1** c; **2** d; **3** b; **4** a.

RIFLESSIONE GRAMMATICALE

1. Scrivi le forme singolari dei verbi.

dire	io dico	potere	io posso
	tu dici		tu puoi
	lui/lei dice		lui/lei può
sapere	io so	fare	Io faccio
	tu sai		tu fai
	lui/lei sa		lui/lei fa
venire	io vengo	vincere	io vinco
	tu vieni		tu vinci
	lui/lei viene		lui/lei vince
andare	io vado	leggere	io leggo
	tu vai		tu leggi
	lui/lei va		lui/lei legge

2. Ora scrivi le forme plurali dei verbi.

dire	noi diciamo	potere	noi possiamo
	Voi dite		voi potete
	loro dicono		loro possono
sapere	noi sappiamo	fare	noi facciamo
	voi sapete		voi fate
	loro sanno		loro fanno
venire	noi veniamo	vincere	noi vinciamo
	voi venite		voi vincete
	loro vengono		loro vincono
andare	noi andiamo	leggere	noi leggiamo
	voi andate		voi leggete
	loro vanno		loro leggono

4. Scegli l'indicazione di luogo corretta.

Chiavi: **1** vicino; **2** di fianco; **3** davanti; **4** di fronte; **5** dietro; **6** su; **7** sotto; **8** tra.

5. Metti le preposizioni articolate e poi forma il plurale.

1 sull'albero	1 sugli alberi
2 dall'amico di Franco	2 dagli amici di Franco
3 sulla sedia	3 sulle sedie
4 dell'insegnante	4 degli insegnanti
5 sulla parete	5 sulle pareti
6 nell'armadio	6 negli armadi
7 sul giornale	7 sui giornali
8 nell'appartamento	8 negli appartamenti

6. Quale preposizione va con questi nomi?

Chiavi:			
DI	A	IN	SU
del pavimento			
della stanza		nella stanza	
del macellaio	al macellaio		
dell'ingresso		nell'ingresso	
del soffitto			sul soffitto
del letto			
dell'amico	all'amico		
dello psicologo	allo psicologo		
della sedia			sulla sedia
del fratello	al fratello		
del marito	al marito		

8. Completa con le preposizioni (articolate e non).

Chiavi: **2** a, della; **3** nel, di; **4** sulla; **5** di, di; **6** alla; **7** al, con; **8** all', di.

9. Completa le frasi con un verbo del riquadro.

Chiavi: **2** dice; **3** hanno; **4** vince; **5** andate; **6** potete; **7** offro; **8** finiscono; **9** leggete; **10** sai; **11** facciamo; **12** senti.

10. Correggi gli errori. C'è al massimo un errore per frase e riguardano tutti le preposizioni.

Chiavi: **2** da New York; **3** in agosto; **4** di Venezia; **5** in Italia; **6** sul tavolo; **7** di mia madre; **8** a sinistra; **9** al letto; **10** di chi; **11** il 13 giugno.

PERCORSO 6
LA VITA QUOTIDIANA

RIFLESSIONE GRAMMATICALE

1. Scrivi le forme singolari dei verbi riflessivi.

chiamarsi	io mi chiamo		lavarsi	io mi lavo	
	tu ti chiami	Camillo.		tu ti lavi	spesso con acqua fredda.
	lui si chiama			lui si lava	
svegliarsi	io mi sveglio		alzarsi	io mi alzo	
	tu ti svegli	sempre alle 7.		tu ti alzi	raramente dopo le 7.30.
	lui si sveglia			lui si alza	

2. Scrivi le forme plurali dei verbi riflessivi.

chiamarsi	noi ci chiamiamo		lavarsi	noi ci laviamo	
	voi vi chiamate	Camillo e Sandra.		voi vi lavate	spesso con acqua fredda.
	loro si chiamano			loro si lavano	
svegliarsi	noi ci svegliamo		alzarsi	noi ci alziamo	
	voi vi svegliate	sempre alle 7.		voi vi alzate	raramente dopo le 7.30.
	loro si svegliano			loro si alzano	

3. Metti gli articoli, gli aggettivi e i pronomi dimostrativi.

2	l'	quest'	quell'	ufficio	7	le	queste	quelle	università
3	lo	questo	quello	studente	8	i	questi	quei	letti
4	la	questa	quella	città	9	gli	questi	quegli	anni
5	la	questa	quella	scuola	10	gli	questi	quegli	animali
6	l'	quest'	quell'	amica					

4 Metti al plurale le parole dell'esercizio 3.

2	gli	questi	quegli	uffici	7	l'	quest'	quell'	università
3	gli	questi	quegli	studenti	8	il	questo	quel	letto
4	le	queste	quelle	città	9	l'	quest'	quell'	anno
5	le	queste	quelle	scuole	10	l'	quest'	quell'	animale
6	le	queste	quelle	amiche					

6. Pronome o aggettivo possessivo?

Chiavi: **1** aggettivo; **2** pronome; **3** aggettivo; **4** aggettivo; **5** aggettivo; **6** pronome.

7. Rispondi alle domande come nell'esempio.

Chiavi: **2** Ecco i loro regali; **3** Ecco la loro casa; **4** Ecco la mia bicicletta; **5** Ecco i nostri figli; **6** Ecco i suoi amici.

8. Verbi irregolari al presente.

```
            P        H        F
   V E N G O     D O     A
     S        S     E        C
D I C O       S  V I N C O
   S O      S O N O      I
            V A D O
```

9. Cruciverba sui giorni della settimana.

```
                        G
                   M    I
     M     S A B A T O
     E           R      V
     R           T      E
     C     V E N E R D Ì
     O           D      Ì
     L U N E D Ì
     E
     D O M E N I C A
     Ì
```

10. Questa è la giornata tipica di Giuseppe.

Chiavi: **2** mi alzo; **3** mi lavo; **4** preparo; **5** usciamo; **6** torno/torniamo; **7** pranziamo; **8** vado; **9** finisco; **10** ceno/ceniamo; **11** guardo/guardiamo; **12** vado/andiamo.

LESSICO

1. Metti in ordine da sempre a mai gli avverbi di frequenza.

Chiavi: sempre; quasi sempre; di solito; spesso; a volte; raramente; mai.

2. Scegli il verbo.

Chiavi: **1** svegliarsi; **2** alzarsi; **3** lavarsi; **4** fare colazione; **5** studiare; **6** pranzare; **7** fare la doccia; **8** cenare.

3. Abbina gli orari scritti in cifre alla trascrizione in lettere.

Chiavi: le dodici/12,00 - le tre e mezza/3,30 - le sei meno un quarto/5,45 - l'una e mezza/1,30 - le undici e cinque/11,05 - le nove e un quarto/9,15

4. Scrivi gli orari in lettere.

Chiavi: si danno le possibilità più frequenti. **2** L'una e cinque; **3** le cinque meno un quarto; **4** l'una; **5** mezzogiorno; **6** le undici e mezza; **7** le dieci e venti; **8** mezzanotte e mezza.

5. Crucinumero.

Questa volta non devi inserire parole ma numeri, e più precisamente le ore.

Chiavi:

2	1	1	0
0	3	4	5
1	1	4	5
0	5	0	5

6. Labirinto di frequenze.

Chiavi: mai; quasi mai; raramente; a volte; spesso; di solito; quasi sempre; sempre 3.

LEGGERE

1 Leggi la scheda del film e completa la tabella che segue.

Chiavi: **1** TITOLO	Caterina va in città	4 NAZIONALITÀ	Italiana
2 REGISTA	Paolo Virzì	5 GENERE	Commedia
3 ANNO	2003		

2. Adesso rispondi alle domande.

Chiavi:
1 Caterina, un'adolescente della provincia.
2 A Roma.
3 Perché la sua famiglia si trasferisce.
4 Conosce delle compagne che non diventano realmente sue amiche.
5 Gli anni 2000.
6 Una certa realtà romana, di intellettuali e politici potenti e di delusioni personali che si traducono in problemi di famiglia.
7 No, è un film triste, un ritratto duro dell'Italia degli anni 2000.

CIVILTÀ

1. Trova il termine giusto per definire le immagini.

Chiavi: a con 4; b con 1; c con 2; d con 5; e con 3.

PERCORSO 7 IL CIBO, AL RISTORANTE

LESSICO

1. Completa...

UNA TECNICA DIDATTICA UTILE PER IL LESSICO - L'uso di questi diagrammi a ragno, detti di solito con parola inglese "spidergrams", è molto utile per fare fiorire idee; qui viene presentato solo raramente, ma lei può farvi ricorso spesso quando si tratta di elicitare il lessico, cioè di far emergere dalla classe quello che gli studenti già sanno su un dato tema. È anche un modo per far sì che le conoscenze vengano condivise tra i compagni. Inoltre è molto facile da fare alla lavagna: si scrive la parola chiave e da lì, dal corpo del ragno, si parte con le "zampe", che spesso possono generare a loro volta altre zampe per associazione di idee. Si attiva ancora una volta quella attività globale, non analitica, che abbiamo visto in precedenza.

3. Cruciverba in cucina.

ORIZZONTALI	VERTICALI
3 Formaggio; 6 cipolle;	1 Pomodoro; 2 aglio; 4 mela; 5 birra;
7 burro; 11 vino; 12 sale; 13 insalata.	8 uova; 9 patate; 10 pera.

5. Correggi gli errori.

Chiavi: 2 una bottiglia di birra; 3 un chilo di zucchero; 4 una bottiglia di acqua minerale; 5 un chilo di pasta; 6 un litro di latte.

6. Cruciverba sui piatti.

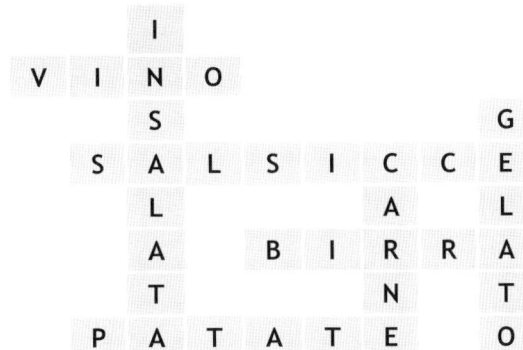

```
            I
    V  I  N  O
    S                    G
    S  A  L  S  I  C  C  E
    L           A        L
    A     B  I  R  R  A
    T           N        T
    P  A  T  A  T  E     O
```

LEGGERE

1. Abbina a ogni immagine il termine giusto.

Chiavi: **1** g; **2** e; **3** f; **4** a; **5** h; **6** d; **7** c; **8** b.

2. Leggi il testo e pensa alla tua dieta. È sana?

L'attività va ripresa in classe discutendo non solo sul fatto che la dieta sia sana o non, ma anche sulle ragioni.
Ricordiamo che una delle maggiori attrattive dell'italiano per stranieri è legata alla cucina, al senso di mangiar bene e sano che viene associato con la dieta mediterranea... ma ricordiamo anche che la dieta mediterranea riguarda la penisola, non la pianura padana, dove spesso i piatti sono concentrati di colesterolo e trigliceridi!

3. Leggi il brano e indica se le affermazioni sono vere o false.

Chiavi: a\F; b\F; c\V; d\V; e\F; f\V; g\V; h\F.

RIFLESSIONE GRAMMATICALE

1. Metti gli articoli e forma il plurale dei nomi.

2	l'autobus	gli autobus	9	la crisi	le crisi
3	il macellaio	i macellai	10	la virtù	le virtù
4	lo zio	gli zii	11	l'amico	gli amici
5	la foto	le foto	12	la città	le città
6	lo psicologo	gli psicologi	13	il film	i film
7	la moto	le moto	14	il caffè	i caffè
8	l'uomo	gli uomini			

2. Completa le frasi e il cruciverba con le parole del riquadro.

Chiavi: **1** possiamo; **2** volete; **3** potete; **4** vorrei; **5** vuoi; **6** vorrei; **7** volete; **8** vorrei; **9** vorrebbe.

3. Rispondi alle domande.

Chiavi: **2** No, non è il loro. Il loro è vicino alla banca. **3** No, non è la mia. È la ragazza di Giuseppe. La mia ha i capelli biondi. **4** No, non sono i nostri. Sono i figli dei nostri vicini. **5** È la nostra. **6** No, non sono le loro. Le loro sono alle verdure.

4. Trova i numeri ordinali all'interno dello schema.

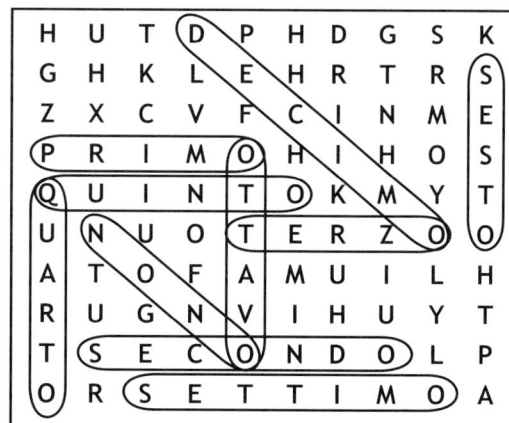

```
H  U  T  D  P  H  D  G  S  K
G  H  K  L  E  H  R  T  R  S
Z  X  C  V  F  C  I  N  M  E
P  R  I  M  O  H  I  H  O  S
Q  U  I  N  T  O  K  M  Y  T
U  N  U  O  T  E  R  Z  O  O
A  T  O  F  A  M  U  I  L  H
R  U  G  N  V  I  H  U  Y  T
T  S  E  C  O  N  D  O  L  P
O  R  S  E  T  T  I  M  O  A
```

5. Correggi gli errori, se necessario.

Chiavi: **2** una; **3** del; **4** del; **5** dello, della; **6** va bene.

6. Completa il dialogo.

Chiavi: ci sono varie possibilità. Eccone una.
Cameriere: Buonasera. È solo?
Cliente: Buonasera. Sì. Dove posso sedermi?
Cameriere: Dove vuole, di fianco alla finestra, va bene?
Cliente: Sì, benissimo. Allora... vorrei il menu, per favore?
Cameriere: Il menù? È sul tavolo.
Cliente: Allora vorrei cominciare con un antipasto.
Cameriere: Benissimo. Cosa vorrebbe come antipasto?
Cliente: Un piatto di salumi misti e penne all'arrabbiata come primo.
Cameriere: Salumi misti e penne all'arrabbiata come primo. E da bere? Cosa vorrebbe?
Cliente: Vorrei dell'acqua minerale.
Cameriere: Naturale o gasata?
Cliente: Naturale, grazie.
Cameriere: Desidera un secondo?
Cliente: Sì, allora, vorrei della carne alla griglia.
Cameriere: Carne alla griglia... e di contorno?
Cliente: Dell'insalata mista, per favore.
Cameriere: Carne alla griglia e insalata mista. Nient'altro?
Cliente: No, è tutto. Grazie.

7. Completa le espressioni...

Chiavi: **2** degli spaghetti; **3** dell'acqua minerale; **4** una cipolla; **5** un pomodoro; **6** del formaggio; **7** dei carciofi; **8** del gelato; **9** una pizza; **10** una mela; **11** dell'olio; **12** delle patate fritte.

PERCORSO 8 IL TEMPO LIBERO

LESSICO

1. Indovina di che luogo si tratta.

Chiavi: **2** discoteca; **3** stadio; **4** birreria; **5** palestra; **6** piscina; **7** biblioteca; **8** cinema.

3. Scegli l'attività.

Chiavi: **1** c; **2** b; **3** c; **4** a; **5** c; **6** b; **7** a; **8** c.

4. Inserisci le parole mancanti nello schema, basandoti sulle lettere che trovi già inserite.

```
                            P
          P       C         A
    N A V I G A R E
          L   N       M     S
        T E L E V I S I O N E
          S   M       C
  C I T T À             I
          R
  P I A Z Z A
```

SCRIVERE

1. Abbina le frasi di destra a quelle di sinistra.

Chiavi: **2** Non vado mai in vacanza dove c'è molta gente.
3 Stasera sto a casa o esco a bere una birra con alcuni amici.
4 Sono uscito dal teatro deluso perché non mi è piaciuto lo spettacolo.
5 Ieri sera sono andato in discoteca e prima sono andato a mangiare una pizza.
6 Mi piace molto viaggiare, ma odio l'aereo.

RIFLESSIONE GRAMMATICALE

1. Completa la tabella con i participi passati.

bere	bevuto	fare	fatto	rimanere	rimasto
chiedere	chiesto	leggere	letto	rispondere	risposto
chiudere	chiuso	mettere	messo	scegliere	scelto
correggere	corretto	nascere	nato	scrivere	scritto
correre	corso	offrire	offerto	succedere	successo
cuocere	cotto	perdere	perso (perduto)	tradurre	tradotto
decidere	deciso	piacere	piaciuto	vedere	visto (veduto)
dire	detto	piangere	pianto	venire	venuto
dividere	diviso	(pro)porre	(pro)posto	vincere	vinto
essere	stato	prendere	preso	vivere	vissuto

2. Scrivi il verbo all'infinito.

perso	perdere	nato	nascere
corso	correre	vissuto	vivere
vinto	vincere	successo	succedere
stato	essere/stare	letto	leggere
rimasto	rimanere	cotto	cuocere

3. Metti i verbi al singolare.

avete proposto	hai proposto	siete tornate	sei tornata
sono arrivate	è arrivata	sono vissuti	è vissuto
abbiamo letto	ho letto	abbiamo amato	ho amato
hanno scritto	ha scritto	sono nate	è nata
siamo andati	sono andato	avete scelto	hai scelto

4. Trasforma le frasi al plurale.

Chiavi: **2** Domenica abbiamo visto un bel film al cinema.

3 Abbiamo accompagnato Giovanni in stazione.

4 Quando siete tornati dalle vacanze?

5 Quando avete cominciato il nuovo lavoro?

6 Fabrizia e sua sorella sono nate in dicembre.

7 Avete cambiato numero di telefono?

8 Abbiamo preparato un ottimo risotto ai funghi.

5. Forma delle frasi.

Chiavi: **2** L'estate scorsa Paco ha fatto un corso d'italiano a Venezia.

3 Quest'anno molti turisti hanno visitato Parma.

4 Ci è piaciuta molto la tua festa di compleanno.

5 A che ora hai/avete fatto colazione questa mattina?

6 Ieri sera Claudia e Giacomo sono usciti insieme.

6. Ai verbi del testo seguente è successo qualcosa. Prova a metterli in ordine. Attenzione! Dica agli studenti, prima di iniziare l'attività, che a volte occorre modificare il verbo secondo il soggetto.

Allora...10 giorni fa ho ricevuto una lettera con un biglietto con scritto: "Complimenti!
Lei ha vinto un week-end di sport presso il Centro Natura e Salute"...Poi l'indirizzo e il numero di telefono. Così ho telefonato e mi hanno confermato tutto, ma non mi hanno voluto dire come mai hanno dato questo premio proprio a me. Sono partita, curiosa di saperne di più e quando sono arrivata là, ho trovato molte altre persone che come me avevano vinto un week-end presso quel centro.
La cosa si è fatta subito misteriosa: mi hanno dato una stanza e la chiave...sono salita nella mia camera e curiosa come sempre, dietro la porta ho visto un cartello con i prezzi: per la pensione completa il prezzo era di 60 euro al giorno comprese le attività sportive. Invece il prezzo della pensione completa della seconda possibilità dal nome abbastanza chiaro "prezzo week-end di sport gratuito" era di 45 euro, ma gli sport naturalmente erano gratuiti. Ti puoi immaginare la mia rabbia e la velocità con cui me ne sono andata via....Ho ripreso i miei documenti e urlando sono ripartita....
Gli altri "vincitori" probabilmente hanno fatto la stessa cosa....
Intervistatore: Mica male come avventura.

7. Trasforma le frasi al passato prossimo facendo attenzione all'accordo del participio passato.

Chiavi: **1** Ieri non sono andato a lavorare.
2 Sabato scorso siamo usciti a mangiare una pizza.
3 Domenica scorsa Patty è partita per le vacanze.
4 Antonella e Carla sono arrivate lunedì scorso.
5 Mario e Linda hanno cambiato casa l'anno scorso.
6 Ieri gli studenti sono entrati a scuola alle 8.

8. Fa' le domande.

Chiavi: A volte più risposte possibili.
1 Fino a che ora hai dormito stamattina? **2** Perché ti sei svegliato presto?
3 Con chi ci sei andato? **4** Sei/siete andato/i in macchina? Hai/avete preso il treno?
5 Dove avete mangiato/pranzato? **6** A che ora siete partiti dal mare/da là?
7 A che ora siete arrivati a casa? **8** Cosa hai/avete fatto dopo?

9. Racconta la storia di Antonella.

1 Antonella è nata a Verona nel 1973. **2** Nel 1976 è andata all'asilo. **3** Nel 1979 ha iniziato la scuola elementare. **4** Dal 1987 al 1992 è andata/ha studiato/ha fatto/ha frequentato il liceo classico.
5 Dal 1992 al1997 ha studiato architettura all'Università di Venezia. **6** In/nell' ottobre 1997 è andata in Inghilterra. **7** In/Nel marzo 1998 ha conosciuto Robert. **8** In/Nel settembre 1999 sono nate Alice e Nina.
9 Nel 2001 è tornata/sono tornati in Italia. **10** Nel 2002 ha trovato lavoro a Padova.

LE DATE

11. Rispondi alle domande che seguono. Scrivi le date in lettere.

Chiavi: **2** venticinque dicembre; **3** ventun marzo; **4** primo maggio; **5** ventinove febbraio;
6 trentun dicembre; **7** sei gennaio; **8** quindici agosto.

Finito di stampare nel mese di febbraio 2009
da Grafiche CMF - Foligno (PG)
per conto di Guerra Edizioni - Guru s.r.l.